研发外包中关系质量
对企业创新绩效的
影响机制研究

向　丽　著

中国财经出版传媒集团

经济科学出版社
Economic Science Press

图书在版编目（CIP）数据

研发外包中关系质量对企业创新绩效的影响机制研究/向丽著.
—北京：经济科学出版社，2019.9
ISBN 978 - 7 - 5218 - 0961 - 9

Ⅰ.①研…　Ⅱ.①向…　Ⅲ.①企业管理 - 对外承包 - 质量
管理 - 影响 - 企业绩效 - 研究　Ⅳ.①F272.5

中国版本图书馆 CIP 数据核字（2019）第 210963 号

责任编辑：李晓杰
责任校对：王苗苗
责任印制：李　鹏

研发外包中关系质量对企业创新绩效的影响机制研究
向　丽　著
经济科学出版社出版、发行　新华书店经销
社址：北京市海淀区阜成路甲 28 号　邮编：100142
总编部电话：010 - 88191217　发行部电话：010 - 88191522
网址：www. esp. com. cn
电子邮件：esp@ esp. com. cn
天猫网店：经济科学出版社旗舰店
网址：http：//jjkxcbs. tmall. com
北京密兴印刷有限公司印装
710 × 1000　16 开　14.25 印张　200000 字
2019 年 10 月第 1 版　2019 年 10 月第 1 次印刷
ISBN 978 - 7 - 5218 - 0961 - 9　定价：46.00 元
（图书出现印装问题，本社负责调换。电话：010 - 88191510）
（版权所有　侵权必究　打击盗版　举报热线：010 - 88191661
QQ：2242791300　营销中心电话：010 - 88191537
电子邮箱：dbts@ esp. com. cn）

本书受贺州学院东融研究中心建设基金资助

前　　言

　　随着企业研发外部化的快速发展，研发外包作为一种开放动态的技术创新模式，从根本上改变了企业原有的封闭式研发体系，也使得国内越来越多的企业尤其是知识密集型企业更倾向于借助研发外包来实现技术转换和技术追赶。但研发外包所具有的合同不完全性、知识非独占性和累积性创新不完全替代性等特征，将会为企业带来项目替代成本、信息外溢成本、知识和技术的转换及适应成本。为尽可能地削减诸如弱知识产权保护引致的信息泄露等问题，需要在发包方企业与研发供应商之间建立一系列治理机制。关系质量是一种微妙的治理机制，已经得到学术界和企业界的广泛关注。研发外包中关系质量对企业创新绩效的影响机制就成为企业通过研发外包关系治理实现创新绩效提升的重要问题。

　　在理论意义方面，通过建立研发外包情境下关系专用性投资、服务质量与关系质量间的理论模型，厘清了研发外包双方关系质量的前置因素，揭示了研发外包中企业与研发供应商间关系质量的驱动机制；通过建立关系质量、知识共享、知识转移、动态能力与企业创新绩效间关系的理论模型，深入分析关系质量影响企业创新绩效的多重中介因素，揭示了研发外包中关系质量影响企业创新绩效的内在作用机制，更全面地阐释了关系质量对企业创新绩效的影响路径，是对现有研究的丰富和完善。此外，本书根据效率型研发外包模式和创新型研发外包模式的不同特征，分析不同研发外包模式下关系质量对企业创新绩效的影响机制差异，揭示了研发外包中关系质量对企业创新绩效影响的调节机制，也是对现有研究的有益补充。

在实践意义方面，通过分析研发外包双方间关系质量的驱动机制，探究关系质量对企业创新绩效的作用机制，考察关系质量对企业创新绩效影响的调节机制，并利用对中国9个服务外包示范城市内代表性企业的调查数据进行实证检验，以此得出研究结论与管理启示。企业通过研发外包可以使其集中自身资源和力量在擅长的领域形成独特的技术优势，实现规模效应进而提升创新绩效。研究成果有助于企业根据其与研发供应商间关系质量的现实情况，更为科学合理地实施研发外包战略和外包关系治理。通过加大知识型关系专用性投资力度，提高研发供应商的技术能力和沟通质量，促进双方间知识共享和知识转移，进一步增强企业动态能力，从而提升企业创新绩效。

本书基于现有国内外研究成果，综合运用结构方程模型和多群组结构方程模型分析方法，揭示了研发外包中关系质量对企业创新绩效的重要影响作用，并分别从驱动机制、作用机制和调节机制三个方面分析研发外包中关系质量对企业创新绩效的影响机制。

本书旨在运用研发外包理论、关系质量理论和动态能力理论，采用文献分析、理论推演、结构方程模型等多种方法，通过构建研发外包中关系质量的前置因素的结构方程模型，实证考察关系专用性投资和服务质量对研发外包双方间关系质量的驱动作用；通过构建研发外包中关系质量对企业创新绩效作用机制的结构方程模型，以及研发外包模式调节下关系质量对企业创新绩效影响的结构方程模型，探究研发外包中关系质量对企业创新绩效影响的作用机制与调节机制，实证检验知识共享、知识转移、动态能力等变量在其中的中介作用，以及变量研发外包模式在其中的调节作用，从而为企业研发外包战略的实施和外包关系管理实践提供参考与借鉴。

向 丽

2019 年 8 月 1 日

目
录
contents

>   >   >   >   >   >

第 1 章

绪　　论

1.1　研究背景及问题提出

现代科学技术的快速发展使工业技术日益复杂化，单个企业往往难以独立完成研发和创新，特别是新兴技术的研发和创新更为困难，因而企业需要加强与其他研发机构或企业的合作以形成互补性力量（Chesbrough，2003）[1]。研发是一个集合了高效信息搜索能力、研发网络学习能力和技术外包的协同及交互网络（Howells et al.，2008）[2]。技术的封装和模块化、编码化等新的研发工具和手段的广泛应用以及技术的可复制性，使知识具备了普通商品的特性并实现了快速扩散。20 世纪 80 年代以来，企业研发外部化的快速发展推动其获取技术的方式由依靠内部研发逐步转向与外部的大学、研究机构及其他企业等研发力量进行形式多样的合作及外包，这使研发外包（R&D Outsourcing）为显著特征的企业间知识密集型服务贸易成为技术转移的新渠道和新一轮全球产业结构调整的重要载体（Lai et al.，2009）[3]。作为一种开放动态的技术创新模式，研发外包从根本上改变了企业原有的封闭式研发体系，并成为技术创新领域的研究热点。

在生物医药产业中，制药企业将其研发工作外包给生物技术公司的现象相当普遍，研发外包已成为提升企业制药技术水平的纽带。实际上，几乎所有产业均呈现出研发外包活动日益增加的发展趋势。许多国家和地区的企业都在加快其研发活动的网络化、虚拟化以及国际化进程，以此获取新的国际市场资源和创新资源。在日益严峻的市场竞争环境下，企业尤其是知识密集型企业需要持续开发新的技术和产品以建立竞争优势，这使企业研发成本大幅度上升，也促使国内越来越多的企业更倾向于借助研发外包方式来开展技术创新活动。目前，中国 31 个服务外包示范城市在技术、商业模式创新方面正发挥着重要的引领作用，相关企业技术能力和专业服务水平都得到快速提升（中国服务外包网，2017）[4]。商务部发布的 2017 年中国服务外包产业发展情况显示，信息技术外包（ITO）、业务流程外包（BPO）和知识流程外包（KPO）执行额分别达到 618.5 亿美元、235.7 亿美元、407.2 亿美元。其中，以知识产权外包服务、管理咨询服务、数据分析服务、工业设计外包及医药研发服务为主的知识流程外包的增速最为明显（杨梅，2018）[5]。

根据资源观理论，企业建立核心竞争力的关键在于其所拥有和控制的资源具有异质性和不可转移性。作为提升产业链的重要手段，研发外包能够使企业接触更多前瞻性的技术资源和技术机会，从而实现企业竞争资源的互补。当企业的核心技术受到价值链改变和新兴市场出现的影响而发生改变时，其在组织变革中需要借助研发外包来实现技术转换和技术追赶（Baden – Fuller et al.，2000）[6]。研发外包能够使企业将自身资源集中到擅长的领域以形成独特的技术优势，进而实现规模效应。同时，研发外包使企业突破了内部资源约束而获取新的市场资源和创新资源，通过专业机构参与企业研发活动，有助于企业缩短新产品研发时间和降低研发风险，从而促进其核心竞争力培育和创新绩效提升（Katila，2002）[7]。

在研发外包服务中，企业除了追求研发成本的节约和效率的提高，其更希望借助研发供应商的技术和创新能力来提升自身创新绩效（Li et al.，2008）[8]。为尽可能地削减诸如弱知识产权保护引致的信息泄露等问题，需要在企业与研发供应商之间建立一系列治理机制，以便于企业将研发工作外包给其他外部组织，并达到预期的研发效果（费方域等，2009）[9]。部分企业尝试通过建立非正式的关系契约，以此激励研发供应商在更大程度上共享和转移隐性知识（宋寒等，2016）[10]。但相较契约关系，伙伴关系更容易推进合作双方建立信任并达成共同目标，是外包绩效的重要影响因素。由于大部分企业的外包绩效仍然较低，关系质量作为一种微妙的治理机制引起了学界的广泛关注，即通过在合作双方之间建立信任、关系承诺等来确保外包活动的顺利完成（宋喜凤等，2013）[11]。

由于合作企业之间存在非常复杂的关系，因此企业保持长期销量、利润和企业成长的关键在于提高关系质量（Velez et al.，2015）[12]。在良好的关系质量条件下，合作双方才会加大对时间、精力和资源的投入来维持双方间关系，进而促进社会网络积极作用的有效发挥。企业与外包供应商之间良好的关系质量被学界视为外包成功的关键因素（Lee & Kim，1999[13]；Handley & Jr，2009[14]），大量研究已经证实关系质量对外包绩效具有直接正向影响（Leonidou et al.，2013[15]；宋喜凤等，2013[11]），也有学者基于业务转型外包情境验证了关系质量对创新绩效起显著正向作用（徐建中、吕希琛，2014）[16]。但目前仍缺少针对研发外包情境下关系质量与企业创新绩效间关系问题的研究成果。那么研发外包中关系质量的前置因素包括哪些？研发外包中关系质量对企业创新绩效的作用机制是什么？不同研发外包模式下关系质量对企业创新绩效的影响效应是否存在差异？这就成为企业通过研发外包关系治理实现创新绩效提升的重要问题。因此，本书围绕这一问题展开理论分析与实证研究，以期为企业研发外包战略实施中的外包关系管理实践提供有益借鉴。

1.2　国内外研究现状

1.2.1　研发外包的相关研究

1.2.1.1　研发外包的概念

伽斯柏（Chesbrough，2003）最早提出了开放式创新的概念，系统探究了企业如何通过内外部创新要素的整合来创造新价值，并认为企业应与高校、研究机构等外部创新源建立长期的合作关系[1]。瓦莱斯卡等（Vareska et al.，2009）通过研究发现研发外包是中小型企业实施开放式创新的有效途径[17]。现代技术的复杂性、投资资本的降低和专注于核心环节是研发外包的推动力，其主要体现在专业性服务提供者、外部竞争力、风险分担及获得灵活性等方面（Paju，2007）[18]。

学者们从企业资源观、关系契约、合作研发以及外包等多种理论视角对研发外包的内涵进行了界定，但目前并未形成一致性观点。福斯菲尔德和哈克利屈（Fusfeld & Haklisch，1985）认为研发外包是指企业将研发任务交给信息产业、私人制造业等具有较高研发强度的企业以获取技术改进和探索性研究的活动[7]。希金斯和罗德里格斯（Higgins & Rodriguez，2006）将研发外包视为企业并购方式之一，并认为研发外包是企业在有限的内部资源条件下，通过整合外部最优秀的资源来促进协同效应发挥，进而建立竞争优势[19]。基耶萨和温兹尼（Chiesa & Manzini，1998）从关系契约理论角度将研发外包定义为：企业提供资金并以契约方式委托外部研究机构为其提供新产品、新工艺或新思路等"技术"成果[20]。伍蓓等（2008）基于企业竞争力视角，认为研发外包是指企业通过将产品研发工作部分或全部委托给外部技术源供给者（研发供应商、大学及研究机构等），以便于更快速地获得新产品、新工艺或新思路等技术成果，并将精力集中于自身核心能力的培育与提升，从而实现竞争性发展[21]。

1.2.1.2　研发外包的维度

在研发外包的维度方面，阿诺德（Arnold，2000）基于资源观和社会观视角建立了外包结构体系，包含外包主体、外包对象、外包合作伙伴和外包设计等维度[22]。此后学者们分别从经济学、管理学和社会学等多个角度探讨了外包理论，但至今尚未形成一个权威的外包维度划分标准。我国学者伍蓓等（2010）将研发外包的维度细分为资源维度、关系维度和知识维度。其中，资源维度是由专用资源和互补资源构成。企业的专用资产性直接影响其研发水平和研发外包控制能力，进而影响研发外包效果。互补资源的获取有利于强化研发外包双方之间的交流，促进双方共同研发新产品。一般来说，研发外包双方的互补资源水平越高，企业研发外包效果也越显著；关系维度包括外包双方的相互依赖性、沟通、信任、承诺以及认知感；知识维度由显性知识和隐性知识组成[23]。

1.2.1.3　研发外包的运作流程与模式

在研发外包的运作流程与模式方面，学者们围绕外包准备计划、研发供应商选择、外包关系管理，以及研发合同设计、签订和执行等方面对外包流程进行了探讨。伍蓓等（2009）将研发外包流程划分为方案分析、架构设计、模块分包、分包研发、系统调试、用户使用和完善6个阶段[24]。大多数学者从业务外包重要性、与核心能力相关性、资源观等单一维度探讨了研发外包的模式（Gilley & Rasheed，2000[25]；Tomas et al.，2006[26]）。部分学者从技术、市场、创新、资源整合和企业战略等维度进行了研究（Balachandra & John，1997[27]；琳达·科恩、阿莉·扬，2007[28]）。伍蓓等（2013）从创新的平衡角度将研发外包模式分为两种类型，即效率型研发外包和创新型研发外包。该研究认为，在效率型研发外包模式下，企业是以降低成本为目标，只外包成熟技术，且创新程度较低；在创新型研发外包模式下，企业更注重新市场开发和商业模式创新，并将前瞻性和未来技术进行外包，且创新程度较高[29]。

1.2.1.4 研发外包的测量

在研发外包的测量方面，学者们主要采用三种方法：一是参考芬斯特拉和汉森（Feenstra & Hanson，1999）提出的测算服务外包的 FH 指数法来衡量企业研发外包程度[30]；二是根据弗朗西斯科和西西里亚（Francesco & Cecilia，2008）提出的 DJ 指数来测算企业的研发外包率[31]。由于 FH 指数法对行业中间品进口的测度容易出现偏差，且不能对行业进行区分，同时存在"相同比例假定"缺陷。相比 FH 指数法，DJ 指数法对分行业的研发外包率的测算更为精准。蔡宏波（2011）通过 DJ 指数法计算得到中国 33 个工业行业在 1997~2007 年的服务外包率，以此验证了服务外包对劳动生产率整体及行业的影响[32]。陈启斐等（2015）同时采用 FH 指数法和 DJ 指数法对我国制造业细分行业在 2003~2011 年的研发外包指数进行了测算，该研究还将由 DJ 指数法计算得到的研发外包指数作为稳健性检验的工具变量[33]。也有学者运用 DJ 指数法测算了 2003~2011 年中国 27 个工业行业的研发外包强度，并实证检验了研发外包对企业经营绩效的影响效应。三是借鉴外包强度测量指标，使用研发外包广度与研发外包深度的乘积作为企业研发外包强度的替代指标（伍蓓等，2009）[34]。此外，岳中刚（2014）从企业的海外研发中心数量、海外并购额以及是否进行海外研发合作等三个方面，对 2007~2012 年我国汽车上市企业的逆向研发外包程度进行了测算[35]。

1.2.1.5 研发外包与企业绩效的关系

在研发外包与企业绩效的关系方面，国内外学者通过采用不同的测度方法来衡量外包和企业绩效，实证研究了业务外包、资源外包、IT 外包、流程外包等不同类型的外包与企业绩效的关系，进而得出了外包与企业绩效正相关、负相关、混合关系和无关系等多种研究结论（伍蓓、陈劲，2011）[36]。吉利和拉希德（Gilley & Rasheed，2000）的研究认为外围业务和核心业务的外包均与企业绩效无直接关系[25]。安宝吉（Arbaugh，2003）的研究得出外包与企业绩效之间是正相关的关系[37]。托马斯等（Tomas et al.，2006）从资源角度探讨了不同类型资源对外包及企业绩效的影响，结果表明核心和互补型外包负向影响企业绩效，非核心业务外包正向影响企业绩效[26]。

在研发外包中，随着内外部研发力度的不断加大，企业因研发外包而增加的固定交易成本可能会下降。研发外包可通过成本节约效应、风险降低效应以及其特有的项目替代成本、信息外溢成本、知识和技术的转换及适应成本等共同影响企业经营绩效。通过研究发现，研发外包与企业经营绩效之间具有显著的倒 U 形关系，且吸收能力在两者的关系中发挥着正向调节作用。

1.2.1.6 研发外包与创新的关系

学界肯定了研发外包对企业创新的积极作用，认为企业借助研发外包获取外部知识再加以吸收和利用能够促进自身创新效率提升。涅托和艾丽西娅（Nieto & Alicia，2011）的研究发现，研发外包对企业创新绩效具有显著的提升作用，并且研发外包对产品创新的影响明显高于过程创新[38]。伍蓓等（2010）通过探讨不同研发外包模式与企业创新绩效的关系得出，二者之间并非是线性关系，而是呈现倒 U 形关系。具体来说，效率型研发外包与企业创新绩效之间存在正相关关系，而创新型研发外包与企业创新绩效之间存在倒 U 形关系。该研究还发现，环境动态性在创新型研发外包模式与企业创新绩效的关系中起到显著的调节作用[39]。张中元（2015）利用多层混合效应 logistic 模型分析了研发外包对企业引入新产品的影响，得出研发外包显著提高了企业引入新产品的概率[40]。

陈启斐等（2015）运用动态面板 GMM 估计和门槛检验方法，从创新能力和创新效率实证分析了研发外包对中国制造业自主创新能力的影响，并得出研发外包对中国制造业的创新能力和创新效率均有显著的促进作用，即：制造业的研发外包率每增加 1%，其创新能力和创新效率将分别提升 0.332% 和 0.088%。该研究还发现，研发外包是通过提高纯技术进步率来实现对制造业创新效率的正向作用[33]。也有学者运用动态系统 GMM 方法实证检验了研发外包对企业不同类型绿色技术创新的影响效应，并考察了环境规制在其中的调节作用。相关研究结果表明，研发外包与绿色产品创新之间具有显著的倒 U 形关系，但研发外包与绿色工艺创新之间是显著的 U 形关系。并且，环境规制在研发外包对不同类型绿色技术创新的影响中均起到显著正向调节作用。

1.2.2 关系质量的相关研究

1.2.2.1 关系质量的概念

关系质量的概念起源于服务营销领域，但学界对其内涵尚未达成共识。莱维特（Levitt, 1983）的研究将企业与顾客的良好关系视为企业拥有的难以复制的无形资产之一，并指出该资产价值的重要衡量指标即为关系质量[41]。古梅松（Gummesson, 1987）认为关系质量是指采用累计价值形式体现的企业与顾客间的交互质量[42]。安妮卡和克里斯坦（Annika & Christian, 1996）的研究认为，顾客体验在关系初期具有情节价值，但在关系持续期会向关系价值转变[43]。克罗斯比等（Crosby et al., 1990）从人际关系视角认为关系质量反映了顾客基于对销售人员以往行为的满意感而对其未来行为的信任程度[44]。韦罗妮卡和斯特兰德维克（Veronica & Strandvik, 1995）根据顾客感知的特点将服务行业中的关系质量定义为：顾客通过比较其在关系中所感知到的服务与某些内在或外在质量标准后得到的认知评价[45]。汪宁如奥和克利（Hennig - Thurau & Klee, 1997）将交互的有效性、交易成本的降低以及双方需求的满足程度等重要因素引入，认为关系质量是指关系主体对彼此亲密、信任、满意的感知程度，能够反映关系双方对未来长期合作关系的信心水平[46]。

霍尔姆隆德（Holmlund，2001）从商业伙伴之间的人际关系感知视角，将企业之间（B2B）的关系质量定义为：在一定的标准下合作双方的重要人士对商业往来（效果）的综合评价及认知程度[47]。奥保兹等（Alborz et al.，2003）认为外包关系质量是指外包双方所期望的伙伴关系的实现程度[48]。国内学者刘人怀和姚作为（2005）将关系质量定义为：关系主体按照一定的标准所共同认知评价的关系对各自需求的满足程度。从本质上看，关系质量是能够提升企业提供物的价值，并提升合作双方间的信任与承诺程度，进而促进双方长久关系的维护的一组无形利益[49]。艾时钟等（2011）认为 IT 外包领域中关系质量是指发包方与接包方之间的合作关系满意程度[50]。宋喜凤等（2013）将 IT 外包中的关系质量界定为：外包双方之间的关系有助于预期双方合作结果实现的程度[11]。刘刚和王岚（2014）认为研发合作关系质量是指合作双方重要人士对研发合作过程与效果的评价[51]。马鸿佳等（2017）的研究提出关系质量是合作企业依据一定的标准对双方之间商业往来效果的综合评价与认知[52]。

1. 2. 2. 2　关系质量的维度

在关系质量的维度划分上，克罗斯比等（1990）首次提出了关系质量的二维结构，即信任和满意[44]。该研究基于人际关系理论，将信任与满意视为关系质量的结构维度，并将个人特性和关系型交易行为视为外生变量。该研究成果已经得到学界的普遍认可，现有研究中大部分学者都将这两个维度纳入关系质量的构成维度。学界对 B2B 背景下的关系质量维度的研究主要沿着以下两条主线展开：

一是强调从承诺、沟通质量、冲突治理、关系资源投入等方面加强合作双方间关系管理。摩尔和斯皮克曼（Mohr & Spekman，1994）基于关系双方的互动角度认为成功的伙伴关系应具备承诺、合作、信任、沟通、参与及冲突治理等 6 个基本特征，并着重突出了沟通和冲突治理的作用[53]。斯托巴卡等（Storbacka et al.，1994）认为关系质量应包含满意、承诺、沟通和联系等维度[67]。多斯齐等（Dorsch et al.，1998）的研究将关系质量细分为信任、承诺、满意、顾客导向、机会主义行为以及道德形象6个维度[54]。库玛尔等（Kumar et al.，1995）从建立长期关系的角度提出，关系质量的维度结构应包含信任、承诺、关系投资意愿以及关系持续性期望[55]。格罗弗等（Grover et al.，1996）的研究将信任、沟通、满意和合作作为伙伴关系的维度[56]。李和金（Lee & Kim，1999）从权力依赖和社会交换理论视角得出，伙伴关系质量的构成维度包括信任、企业共同理解、利益与风险共享、冲突解决以及承诺[13]。

国内学者田红云和杨海（2010）的研究认为，伙伴关系质量包含了信任、业务理解、利益/风险共享、冲突和承诺等5个维度[57]。艾时钟等（2011）认为IT外包中的关系质量包含沟通、相互承诺、信任以及良好冲突处理[50]。王昌林和陈志昂（2012）的研究指出，服务外包关系质量应包含信任机制、风险共担与利益共享程度、服务外包质量等3个维度[58]。宋喜凤等（2013）的研究将IT外包双方关系质量分为信任、有效沟通、承诺、相互依赖、和谐冲突管理等5个维度[11]。沙颖等（2015）的研究认为物流外包情境下关系质量是由信任、承诺、依赖、专用性投资、感知的机会主义行为和创新等6个维度组成[59]。

二是将研究范围从人际关系层面逐步向企业关系层面扩展。帕森斯（Parsons，2002）的研究发现，合作双方间关系质量水平取决于参与合作的企业因素、个人因素以及特定情景，并基于人际交往和企业关系两个层面提出了关系质量的3个维度，即承诺、共同目标与关系利益[60]。杨（Young，2000）采用近关系理论探讨了企业间合作关系，并基于战略联盟关系特征认为联盟伙伴间合作关系质量包括关系强度、关系的持久性、关系频率、关系的多样性、灵活性以及公平性等6个维度[61]。

阿里奥和托瑞（Ario & Torre，2001）的研究从社会交往和关系生命周期的角度分析了战略联盟成员间关系，认为关系质量应包含关系的启动条件、协商过程、伙伴互动以及外部事件等维度[62]。霍尔姆隆德（2001）以服务质量模型为基础，从关系过程和关系结果两方面提出涵盖技术、社会和经济等因素的关系质量维度[47]。

国内学者武志伟等（2005）从营销学和近关系理论角度，将关系质量细分为关系强度、关系持久性和关系公平灵活性[63]。徐翼等（2007）提出了 B2B 关系质量的 3 个构成维度，即合作性、适应性和关系氛围[64]。伍蓓等（2010）认为研发外包的关系维度是由相互依赖性、沟通、信任、承诺和认知感等变量组成[23]。任星耀等（2009）的研究发现，研发外包双方可能受投资动机和替代性差异的影响而呈现相互依赖不对称[65]。徐建中和吕希琛（2014）基于静态、动态和时间角度，从关系的耦合度、交互度和持久度 3 个方面总结了业务转型外包合作团队间关系质量的维度结构[16]。林舒进等（2018）认为可以通过组织关系和人际关系来实现企业间信息分享，并将营销渠道中企业间关系质量细分为组织关系质量和人际关系质量两类[66]。

1.2.2.3 关系质量的测量

在关系质量的测量方面，学者们大多采用价值评估法和指标评估法对企业间关系质量水平进行测算。这两种测度方法在评估目的和具体算法上存在明显的差异，且难易程度也不同。其中，价值评估法注重评估企业财务产出状况，主要运用量化的计算公式对关系质量影响顾客价值贡献的程度进行测算。较具代表性的是斯托巴卡等（Storbacka et al.，1994）提出的关系盈利能力模型，通过关系长度、关系收益和关系成本数据计算得出关系盈利状况。具体公式为：关系盈利 = 关系长度 ×（关系收益 − 关系成本）[67]。雷奇汉（Reichheld，1996）构建了客户价值评价体系和忠诚客户生命周期模型，其认为基本利润、收益增长、成本节约、推荐以及溢价等 5 个因素决定了客户为企业创造的收益，并据此计算得出个体客户终身价值[68]。指标评估法是对关系质量的各维度分别进行测量，以关系质量二维论、伙伴关系模型和关系质量模型等为代表。

1.2.2.4 关系质量的前置因素

在关系质量的前置因素研究方面，学者们探讨了关系功能、关系价值、关系投资、成本、沟通质量、供应商公平性、心理距离、冲突、服务质量等多种因素对关系质量的影响。瓦尔特（Walter，2003）考察了供应商的关系功能对客户感知的关系质量的影响，其结果表明供应商在关系中履行直接和间接职能的程度直接正向作用于客户感知的关系质量，且在激烈的市场竞争环境中作用更强[69]。乌拉加和埃格特（Ulaga & Eggert，2006）建立了关系价值、关系质量各维度（满意、信任和承诺）与合作关系行为意向（扩大或放弃）间的关系模型，并检验了关系价值对关系质量的重要作用[70]。苏秦等（2010）实证分析了处于不同关系发展阶段的 B2B 关系价值对关系质量的影响，其结果表明，关系价值显著正向影响关系质量，且单方价值、双方价值和网络价值对关系质量的作用程度依次减弱。但随着企业间关系的深入，影响关系质量的价值内容会不断增多[71]。斯卡美斯等（Skarmeas et al.，2008）的研究结果显示，特定交易的投资与关系质量之间存在正相关关系，心理距离与关系质量之间存在负相关关系，但环境不确定性对关系质量的影响并不明显[72]。拉菲克等（Rafiq et al.，2013）的研究也证实了关系投资有助于推动情感承诺[73]。穆罕默德和阿兹拉（Mohammed & Azila，2013）的研究发现，转化成本、终止成本和运营成本对零售商与供应商间关系质量产生了显著的正向影响[74]。

霍尔姆隆德（Holmlund，2008）认为企业间关系质量主要受到合作过程中的公平程度、沟通质量等因素的影响[75]。列奥尼达等（Leonidas et al.，2014）的研究将机会主义、冲突、沟通、距离以及适应视为出口商与进口商间关系质量的前因，并指出充分的沟通和适当的调整能够促进双方间关系质量水平提升，但机会主义倾向、冲突和高度距离对关系质量具有负向影响[76]。孙等（Sun et al.，2018）分析了供应商公平性在关系质量中的重要性，其结果表明，相比分配公平，程序公平更有助于关系质量提升，但供应商依赖会降低供应商公平性对关系质量的积极作用[77]。张涑贤等（2010）建立了服务质量对关系质量影响的理论模型，并通过实证研究得出，服务质量维度中的过程服务能力对关系质量有显著的正向影响，结果质量仅显著正向影响关系质量维度中的合作性和适应性[78]。赖（Lai，2014）的研究验证了服务质量和价值感知是关系质量的重要影响因素[79]。许等（Hsu et al.，2018）构建了网站质量对关系质量的影响模型，结果表明感知系统和服务质量是客户满意度的重要前提，感知信息质量对客户满意度的影响不明显[80]。

欧等（Ou et al.，2012）的研究得出，道德销售行为、销售人员专业知识、服务绩效、企业声誉和业绩均显著正向影响关系质量[81]。马切伊（Maciej，2012）认为企业有效处理嵌入网络（包括内部网络）的能力是影响客户关系质量的前提[82]。欧内斯特（Ernest，2016）的研究结果表明客户导向、专业知识和信息共享对关系质量都具有积极影响[83]。但刘等（Liu et al.，2017）的研究仅证实了较强的客户导向水平能够显著提升供应商与客户间的关系质量，信息共享对关系质量的影响并不显著[84]。此外，瓦希德和伊斯梅尔（Wahid & Ismail，2017）考察了积极情绪表达对关系质量的两个维度（满意和信任）的影响，结果表明银行员工特别是关系经理的积极情绪表达能够显著促进客户满意和信任[85]。李开等（2013）的研究指出，合作企业的相似性、合作经历、企业营销能力以及私人关系等对集群企业间关系质量均产生正向影响[86]。

1.2.3 关系质量与企业创新绩效关系的相关研究

由于企业创新所需的知识大多是隐性知识且很难传递，这就需要企业与知识源进行良好的关系建构，通过加强组织学习促进隐性知识转移，以此挖掘出更多的创新机会。大量研究证实了关系质量有助于提升客户忠诚度，并能促进企业绩效持续增加（Tsai & Hung，2016）[87]。同时，关系质量会通过影响组织的创新焦点，进而提升组织绩效（Chu et al.，2016）[88]。关系质量还能对外包绩效产生直接的促进作用（Leonidou et al.，2013）[15]。企业通过对组织外部获得的异质性知识进行比较和融合，进而应用于产品创新过程。

代尔和辛格（Dyer & Singh，1998）的研究认为企业与合作伙伴间良好关系的建立，可以使企业及时获得准确的市场信息和技术信息从而促进创新[89]。摩根和亨特（Morgan & Hunt，1999）的研究指出，具有信任、忠诚和承诺特征的关系资源对实现企业可持续创新发挥着重要作用[90]。信任能够使企业间的沟通及时且有效，并通过合作双方间的密切联系，对双方间的协作行为起到促进作用，并能使合作的不确定性得以消除，最终降低合作创新成本。组织间相互信任能够显著促进双方合作效果尤其是产品创新绩效（Chi - Shiun et al.，2011）[91]。吉安和王（Jian & Wang，2013）的研究结果表明关系质量对服务创新绩效具有显著的正向影响[92]。奥巴勒等（Obal et al.，2016）通过研究发现，内部关系质量有利于企业渐进性创新活动的开展，新产品开发流程越灵活，企业创新的财务绩效也越好；外部关系质量对于企业突破性创新具有重要价值，有助于提升企业流程的灵活性，提高项目执行成功率，从而增加创新绩效[93]。

　　国内学者在关系质量与企业绩效关系问题的研究方面已经取得了较为丰富的研究成果。武志伟等（2005）运用结构方程模型分析方法探讨了企业间合作绩效的影响机制，结果表明关系持久性和公平灵活性显著直接影响合作绩效，但关系强度对合作绩效的影响不显著[63]。贾生华等（2007）通过研究发现，资源依赖性、信任、承诺和沟通等因素均显著作用于联盟绩效[94]。武志伟和陈莹（2008）的研究得出普通关系专用性投资能够显著正向影响关系持久性和关系公平性，人情关系投资对关系强度具有积极影响，且关系持久性和关系公平性对合作绩效有显著正向影响[95]。杨水利等（2008）的研究发现，关系质量能够显著地直接正向作用于企业间合作绩效，并且动态能力也能够通过关系质量对企业间合作绩效产生间接作用[96]。王昌林和陈志昂（2012）考察了关系质量影响服务外包企业的内在作用机理，并指出服务外包双方间应建立信任机制，并通过利益共享、风险共担机制构建以及服务外包质量的提升，不断改善服务外包关系质量，进而提高服务外包企业绩效水平[58]。

　　宋喜凤等（2013）基于IT外包情境的实证研究得出，关系质量对外包绩效具有显著的直接作用，且通过知识共享间接作用于外包绩效[11]。沙颖等（2015）的研究结果表明，关系质量不仅能够显著地直接正向作用于物流外包绩效，还能够通过关系行为间接作用于物流外包绩效[79]。张哲等（2016）通过研究得出，外包伙伴关系质量显著正向影响接包绩效，知识转移在其中发挥着中介作用[97]。贺勇等（2016）运用单案例研究方法探讨了服务质量、关系质量与物流外包绩效三者之间的关系，其研究结果显示，计算信任与合同式承诺有助于硬性绩效标准的制定，而善意信任和激励式承诺有助于软性绩效标准的制定[98]。姜涛和熊伟（2017）引入中介变量（知识转移）和调节变量（质量知识距离），对供应链关系质量与企业质量绩效间的复杂关系进行了较详细的阐释，但缺少相应的实证检验[99]。

国内学者还从网络结构、联盟关系、供应链关系等视角对关系质量与创新绩效间的关系问题进行了有益的探讨。肖冬平和彭雪红（2011）基于知识网络的结构特征角度得出，组织间关系质量显著正向影响企业知识创新能力[100]。蔡彬清和陈国宏（2013）从链式集群企业多维网络关系角度，验证了集群网络关系质量对企业创新绩效具有积极影响[101]。吴松强等（2017）实证分析了集群网络关系质量与产品创新绩效间的关系，结果表明集群网络关系质量对产品创新绩效有显著正向影响，环境复杂性在其中发挥着负向调节作用[102]。沈灏和李垣（2010）考察了联盟关系对企业创新绩效的影响，其研究结果显示，联盟成员间的依赖关系与创新绩效之间存在倒 U 形关系，联盟成员间的冲突关系、联盟依赖与联盟冲突间的交互作用均对企业创新绩效产生负向影响[103]。谢永平和王晶（2017）的研究证实了联盟关系质量对企业创新绩效具有显著正向影响，且技术环境不确定性在联盟关系质量与企业创新绩效的关系中起到负向调节作用[104]。

夏萌和张哲（2012）的研究发现，供应链企业间关系质量显著正向影响新产品开发，但关系质量的不同维度对新产品的财务绩效、市场份额及技术地位的作用程度存在差异[105]。王辉等（2012）的研究发现企业与供应商间关系质量能够对合作创新绩效产生积极影响，企业与客户间关系质量也能够对合作创新绩效起到显著促进作用[106]。徐可等（2015）构建了供应链关系质量与创新价值链的关系模型，并考察了知识螺旋和供应链整合在其中的作用，其结果表明行为过程对知识螺旋和创新价值链具有显著的正向影响；知识螺旋显著正向影响创新价值链，且在行为过程与创新价值链间的关系中起到了部分中介作用[107]。

陈志军和缪沁男（2014）通过研究验证了外部创新源关系质量和关系稳定性对企业创新绩效均具有正向影响，且潜在吸收能力和实现吸收能力在外部创新关系质量与创新绩效的关系中发挥正向调节作用[108]。查成伟等（2016）的研究认为，高质量关系既能够直接作用于创新绩效，又能通过心理安全感、失败学习对创新绩效起到间接作用[109]。伍蓓和陈劲（2011）通过研究发现，研发外包双方之间相互信任和依赖，并注重强化沟通、承诺以及认知感，能够增强企业内外部协调能力，进而提升创新绩效[36]。徐建中和吕希琛（2014）基于转型外包合作情境探讨了团队关系质量对外包创新绩效的影响，其研究结果表明，关系质量的各维度（耦合度、交互度、持久度）对合作创新绩效均具有显著正向影响，且知识共享和业务知识模块化在关系质量与创新绩效关系中发挥着中介作用和调节作用[16]。

1.2.4 文献评述

通过回顾和梳理国内外学者对于研发外包、关系质量、关系质量与企业创新绩效关系方面的研究成果，可以发现学界普遍认为研发外包具有合同的不完全性、知识的非独占性和累积性创新（努力）的不完全替代性等特征，使得合作双方在外包过程中需要建立相互依赖、相互作用的协调体系，这为研发外包双方的关系管理架构提供了理论依据。学界关于研发外包对企业创新绩效的重要性已经达成共识，外包过程中组织间关系质量的研究逐步深入，关系质量与创新绩效间关系问题的研究成果也较为丰富，为后续的研究工作提供了理论依据和研究思路。通过对现有研究的归纳总结发现还存在以下问题有待探究：

（1）关于研发外包中关系质量的前置因素研究。现有研究中关于组织间关系质量问题的研究成果已经较为丰富，但学界对组织间关系质量的内涵及构成维度并未形成一致性观点，基于研发外包情境的组织间关系质量问题的研究成果较少。学者们探讨了关系功能、关系价值、关系投资、沟通质量等因素对关系质量的影响，也考察了服务质量对外包双方间关系质量的驱动作用，但缺少关于外包双方间关系质量的多元前置因素的分析与比较研究，基于研发外包情境的组织间关系质量的前置因素的理论研究与实证研究都较为匮乏。因此有必要探索其他变量对外包双方间关系质量的驱动作用，以此得出研发外包双方间关系质量的驱动机制，从而为提升研发外包中企业间关系质量水平提供理论依据。

（2）关于研发外包中关系质量对企业创新绩效的作用机制研究。国内外学者肯定了研发外包对企业创新的积极作用，并认为企业借助研发外包获取外部知识再加以吸收和利用能够促进自身创新效率提升。外包过程中组织间关系质量与企业创新绩效间的关系问题已经得到少数学者的关注，相关研究证实了关系质量不仅能够直接正向影响企业创新绩效，还能够通过中介变量间接作用于企业创新绩效。但现有研究更多地是考察知识共享在组织间关系质量与企业创新绩效关系中的中介作用，忽视了其他中介变量对二者关系的重要影响，缺少针对研发外包情境下，组织间关系质量水平通过影响知识共享和知识转移程度，进而作用于企业动态能力影响企业创新绩效的具体机制的理论研究与实证研究。因此有必要探索知识转移、动态能力等其他变量在关系质量与企业创新绩效关系中的作用，并深入分析研发外包中关系质量、多元中介变量与企业创新绩效之间的关系，识别关系质量对企业创新绩效的具体影响路径，以此得到研发外包中关系质量对企业创新绩效的作用机制。

（3）关于研发外包中关系质量与企业创新绩效间的调节因素研究。现有研究对关系质量与企业创新绩效间的调节因素的研究主要分析了环境复杂性、技术环境不确定性、吸收能力、业务知识模块化等变量在关系质量与企业创新绩效关系中的调节作用，缺少对研发外包情境中关系质量与企业创新绩效间的调节因素研究。企业在不同的成长阶段，其资源、关系和知识特性不同，企业可以根据其实际状况来判断自身应当采取何种研发外包模式。因此有必要探究研发外包模式调节作用下关系质量对企业创新绩效影响机制的差异，以此得出研发外包中关系质量影响企业创新绩效的调节机制。

1.3 研究内容与研究方法

1.3.1 研究内容

本书基于研发外包情境，分析研发外包双方间关系质量的前置因素，探索关系质量对企业创新绩效的作用机制，并考察研发外包模式调节下关系质量对企业创新绩效的影响机制差异，以此构建研发外包中关系质量的驱动因素、关系质量对企业创新绩效影响的中介因素和调节因素共同作用的综合分析框架，从而较完整地反映研发外包中关系质量对企业创新绩效的影响机制。研究的总体思路如图 1 - 1 所示。

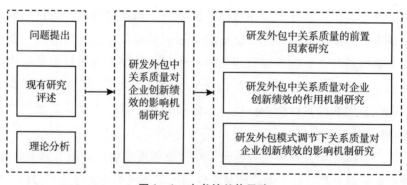

图 1 - 1 本书的总体思路

（1）基于现有的研究成果，界定研发外包情境下的关系质量、关系专用性投资、服务质量、动态能力、企业创新绩效、知识共享以及知识转移等关键概念；分析研发外包的两种典型模式及其演化路径；分析关系专用性投资和服务质量等前因变量对研发外包双方间关系质量的影响，探究研发外包中关系质量通过知识共享和知识转移两条不同路径影响企业动态能力进而影响企业创新绩效的作用机制，讨论不同研发外包模式下关系质量对企业创新绩效影响机制的差异，并在此基础上建立研发外包中关系质量对企业创新绩效影响机制的研究框架。

（2）基于关系质量理论，建立研发外包中关系专用性投资、服务质量与关系质量间的关系模型，探究关系专用性投资和服务质量对研发外包双方间关系质量的驱动作用。并采用结构方程模型研究方法，构建研发外包中关系质量的前置因素的结构方程模型，分析实物型关系专用性投资、知识型专用性投资、声誉、技术能力和沟通质量等不同维度对关系质量的影响效应差异，以此明确研发外包中企业与研发供应商间关系质量的驱动机制。

（3）基于关系质量理论和动态能力理论，建立研发外包中关系质量、知识共享、知识转移、动态能力与企业创新绩效间的关系模型，探究研发外包情境下关系质量对企业创新绩效的影响路径。并采用结构方程模型，构建研发外包中关系质量对企业创新绩效作用机制的结构方程模型，实际验证研发外包中关系质量对企业创新绩效的作用效应，以此明确研发外包中关系质量对企业创新绩效的作用机制。

（4）基于研发外包理论、关系质量理论和动态能力理论，建立研发外包模式下关系质量对企业创新绩效影响的理论模型，探究不同研发外包模式下关系质量对企业创新绩效的影响机制。并采用多群组结构方程模型分析方法，构建研发外包模式调节下关系质量对企业创新绩效影响的结构方程模型，比较不同研发外包模式下关系质量对企业创新绩效的影响机制差异，以此明确研发外包中关系质量影响企业创新绩效的调节机制。

1.3.2 研究方法

本书运用文献研究法对已有相关研究进行较细致深入的搜集、分析和整理，综合运用理论分析和实证研究方法，探究研发外包情境下关系质量的驱动机制、关系质量对企业创新绩效影响的作用机制和调节机制，以此得出研发外包中促进关系质量影响企业创新绩效的策略。研究方法如下：

（1）文献研究法。本书基于前人的研究成果进行分析与创新，主要通过从国内外顶级期刊上收集并阅读大量的有关研发外包、关系质量与创新绩效、专用性投资、服务质量、知识共享、知识转移、动态能力等理论文献，掌握关于研发外包模式演化、关系质量、开放式创新等最新前沿动态。

（2）理论分析法。本书以研发外包理论、关系质量理论和动态能力理论等相关理论为前提，构建综合分析框架，具体包括：研发外包中关系专用性投资、服务质量与关系质量间的关系模型；研发外包中关系质量、知识共享、知识转移、动态能力与企业创新绩效间的关系模型；研发外包模式调节下关系质量对企业创新绩效影响的理论模型。考察研发外包中关系质量的前置因素，探究研发外包中关系质量对企业创新绩效的作用机制，以及不同研发外包模式下调节作用下关系质量对企业创新绩效的影响机制。

（3）实证研究方法。本书从中国 31 个服务外包示范城市中选取北京、上海、广州、南昌、武汉、长沙、重庆、成都和南宁等 9 个城市的代表性企业作为研究对象展开问卷调查，探究研发外包中关系质量对企业创新绩效的影响机制；结合前人研究研发外包模式、关系质量、关系专用性投资、服务质量、知识共享、知识转移、动态能力和企业创新绩效的问卷，编制符合本书的调查问卷进行实地调查，并对问卷进行有效性测试，建立研发外包中关系质量的前置因素的结构方程模型，实际验证关系专用性投资和服务质量对研发外包双方间关系质量的驱动作用。

并运用结构方程模型分析方法，实证考察研发外包情境下关系质量对企业创新绩效的内在作用机制。再采用多群组结构方程模型分析方法，进一步探究不同研发外包模式调节作用下关系质量对企业创新绩效影响机制的差异。

第 2 章

研发外包中关系质量对企业
创新绩效影响机制的理论分析

2.1 研发外包理论

2.1.1 研发外包的概念及特征

基于基耶萨和温兹尼（1998）[20]、伍蓓等（2008）[21]的研究，本书将研发外包界定为：企业提供资金并以契约方式将产品研发工作部分或全部委托给研发供应商等外部技术源供给者，以此快速获取新产品、新工艺或新思路等技术成果。普加和特勒副勒尔（Puga & Trefler, 2002）最早提出了研发外包的成本特征，包括合同的不完全性、知识的非独占性以及累积性创新的不完全替代性，并认为合同的不完全性在很大程度上决定了企业需要支付较高的研发外包成本[110]。基于该研究，国内学者费方械等（2009）从企业间经济关联角度对研发外包的3个成本特征进行了理论拓展，认为企业在研发外包中应当建立最优组织形式、设计最优合同，并注重加强知识产权保护[9]。伍蓓和陈劲（2011）认为研发外包具有知识密集性、控制复杂性、系统集成性、开放性、互补性和协同性等特征，并指出研发外包的难点在于如何在充分利用研发外包优势的同时，有效管理研发过程中的知识流动，并加强各职能部门间协调性，进而通过整合重构内外部资源形成企业研发工作的良性循环[36]。

研发外包具有合同的不完全性、知识的非独占性和累积性创新的不完全替代性等特征，由此将引发项目替代成本、信息外溢成本、知识和技术的转换及适应成本。这是因为接包方的研发活动在事前不可描述且在事后验证的执行成本较高，其还可能将发包方的资助或事前合同中规定的参与项目的关键研发人员用于其他项目的研发或自身产品研发，而非披露性条款和商业秘密法在现实条件下往往难以有效执行，致使研发合作过程中信息泄露问题仍然较普遍（Acemoglu et al.，2007[111]；费方域等，2009[9]）。更强的知识产权保护往往能够对知识的非独占性起到抑制作用，且缺少互补性资产的新创企业通过技术市场获取创新租金的可能性也越大（Gans et al.，2002)[112]。但外包双方的信息共享又是必需的，为防止接包方背离发包方并独占相关信息的价值，发包方将赋予接包方一定的利润提成，且需要在多期研发外包合同中依期渐次地增加接包方信息分享与利润分享的比率（Modica，2006)[113]。另外，接包方进行的研发努力遵循的是自身成本最小化的原则，但接包方的研发设计与发包方潜在创新的其他条件不兼容的情况仍较常见，知识或技术的异质性也使发包方需要承担较大的转化和适应成本才能获取接包方的知识或技术以实现累积性创新。

2.1.2　研发外包中的关系契约激励

根据资源观理论，企业的资源禀赋水平是其核心竞争力的重要影响因素。企业资源包括核心资源和非核心资源两种基本类型。交易费用理论认为，企业应采取内部研发方式进行研发活动，尤其是核心技术研发。资源观理论对此的解释有所不同，指出企业应注重发挥外部资源优势，可以将企业内部非核心资源外包给外部专业化公司。在研发外包决策制定过程中，企业需要充分考虑自身技术的核心度、成熟度和不确定性的实际情况，准确识别自身技术能力与行业主要竞争对手间的差距，并根据企业内外部技术能力的战略互补程度来选择最合适的研发供应商（谢庆华、黄培清，2008）[114]。

契约是最常用的组织间关系治理机制，企业在开展外包业务时同样需要建立具有法律效力的契约来明确规定合作双方的权利、义务以及未来某种行动的处理方案，以此确保各项活动能够被限定在协议框架内（刘文霞等，2014）[115]。根据交易成本理论，如果外包双方的交易条件与治理结构都能显性化且契约成本也较低，那么采取契约治理机制是高效率的。吉普和甘尼申（Jap & Ganesan，2000）的研究结果显示，合作双方制定的契约条款越详尽，越有助于双方企业明确各自的职责并能相互监督，也更能够抑制机会主义行为[116]。格兰诺维特（Granovetter，1998）对此持有不同观点，其认为契约治理的有效性仅适用于合作初期，而后再一味地强调契约治理并不利于绩效提升[117]。当契约治理由较低程度转向中等程度时，通过完善的契约治理建立起明确的奖惩机制，能够降低合作企业的知识转移风险和技术不确定性的负面影响；合作双方企业还可以通过正式协议和谈判机制来有效化解冲突，进一步增强双方长期合作的意愿。但是，当契约治理超出适度水平以后，制定过于详细的契约会使双方进行签约、谈判以及监督活动的成本明显提高，由此可能引发更多的冲突，进而降低合作创新绩效。另外，过度的契约治理机制下，合作双方知识共享的积极性将明显下降，双方更可能从自利性出发进行知识转移，这也不利于合作创新绩效提升。

关系治理是组织间关系的另外一种重要治理机制。学界有关契约治理与关系治理之间关系的研究成果已经较为丰富，形成了替代性、互补性、既替代又互补三种不同观点。替代观认为，契约治理与关系治理是相互对立的关系，这是因为契约治理隐含着对合作伙伴的不信任，但关系治理又必须以合作双方间的信任为基础。因此，在良好的关系治理机制下，合作双方对契约的需求会减少，而契约治理机制越完善，合作双方间的关系治理越弱（Bachmann，2001）[118]。但波普波和曾格（Poppo & Zenger，2002）通过实证研究得出契约治理与关系治理之间存在互补关系[119]，拉扎里尼等（Lazzarini et al.，2004）的研究也证实综合运用两种治理机制能够使合作双方获得更高的交易绩效[120]。蒂瓦纳（Tiwana，2010）进一步将契约治理细分为行为控制和结果控制两个维度，并采用 120 个系统开发外包项目为样本展开实证研究，其结果表明关系治理与行为控制是互补关系，但关系治理与结果控制间存在替代关系[121]。

基于蒂瓦纳（2010）的研究，部分学者提出合作双方应根据具体的研究情境来选择最适宜的关系治理机制，以便于得到更高的合作绩效。新兴服务业合作创新中较重视契约治理的支撑作用，但大多数更注重通过关系治理来促进企业创新能力提升（Bozovic & Hadfield，2012）[122]。卡森等（Carson et al.，2006）通过研究发现，在环境高度不确定的情境下建立关系治理机制对于提升交易绩效更有利，而行为高度不确定的情境中契约的治理效果更好[123]。奥兰德等（Olander et al.，2010）探讨了两种治理机制在企业合作研发中所起到的不同作用，并指出不同的合作阶段二者的相对重要性存在差异，具体表现为：在合作探索阶段，契约治理可能会被关系治理替代；在合作发展阶段，契约治理与关系治理相互补充；在合作确定阶段，契约治理的作用可能高于关系治理[124]。由于外包双方并不能对服务外包中可能产生的各类情况进行准确预测，在实际操作过程中也难以签订内容非常完备的契约条款，这就需要建立关系治理机制作为契约治理机制的必要补充。谷等（Goo et al.，2009）的研究证实正式契约可以用于发展关系机制，并有助于 IT 外包双方间关系质量培育[125]。谢刚等（2013）的研究认为，完备具体的契约有助于增强外包双方间的信任与承诺，不完善的契约会抑制契约治理在 IT 外包关系质量培育中的积极作用[126]。

学界对契约与关系混合治理的模型研究主要通过关系契约设计来展现。契约治理与关系治理的综合运用能够通过关系契约对企业间的交易发挥治理作用（王颖、王方华，2007）[127]。关系契约也被称为非正式契约，是指存在于各类组织中且能够对个人或组织行为产生强烈影响的不成文规章（Baker et al.，2002）[128]。企业基于关系的未来价值设计的关系契约，实质上是一种隐含的自我履行机制。在研发外包情境下，企业通过与研发供应商签订正式契约来约定研发供应商交付的技术成果所必须达到的基本要求。尽管研发外包双方签订的正式契约是经过精心设计的，但在执行过程中往往会大打折扣。究其原因，主要在于研发外包双方合作过程中投入的知识要素难以精确计量，产出的技术成果价值也很难得到准确描述或通过第三方核实，这使正式契约的不完全性更为突出。因此，在正式契约的基础上，研发外包双方还需要缔结有效关系契约，以此维系双方间良好的外包关系，从而提升研发外包效果。

王安宇等（2006）通过建立重复博弈模型，分析了研发外包双方间的关系契约的特征，其研究结果显示，企业与研发供应商间建立的对称性关系契约受到技术成果价值的波动幅度的影响，但与研发供应商的研发生产率和私人成本系数无关。该研究还认为，企业开展的研发活动存在很大的不确定性，可以借助关系契约在其与研发供应商的合作过程中形成声誉或建立信用关系，以此形成可信预期，进而构建起外包双方间的信任关系。企业还可以分阶段或在合作末期对研发供应商的技术成果进行检查，并以结果的优劣程度作为对研发供应商实行奖励或惩罚的依据。此外，企业可以将研发项目经费划分为两部分，一部分根据正式契约标的的完成程度进行支付，另一部分则根据关系契约标的的完成程度来支付，以此促使研发供应商更加注重其未来收益，从而有效降低短期机会主义行为的发生率[129]。

邓春平和毛基业（2008）从研发供应商角度实证分析了不同类型的关系规范对软件外包合作绩效的影响，结果表明，交流能够显著正向作用于合作项目质量，并且有助于减少人员投入超支；相互适应调整也有助于缓解人员投入超支，但信任可能加剧人员投入超支[130]。谢刚等（2013）考察了贴现因子、创新性任务的重要性、产出价值和可证实水平以及契约成本等因素对 IT 外包关系治理中正式契约与关系契约及其交互关系的影响，证实了正式契约与关系契约之间存在相互替代关系和互补关系[131]。张宗明等（2013）采用委托代理理论，并根据 IT 外包的多目标和多任务等服务环境特征，实际验证了关系契约使用条件主要受到折现系数与任务特性的影响[132]。

宋寒等（2016）在建立的研发外包关系契约模型中引入了研发供应商的风险规避特征变量，并考察了风险规避度等外生变量对研发外包关系契约实施效果的影响，得出了激励研发供应商隐性知识共享的策略。该研究发现，研发外包关系契约的可实施性受到折现系数即企业对长期合作重视程度的影响。特别是当企业自身具有很强的知识吸收能力时，其更应该展现出与研发供应商建立长期合作关系的强烈意愿，以此消除研发供应商隐性知识共享的疑虑。此外，当研发项目隐性知识创造需要较高的共享成本且潜在风险较大时，研发供应商往往更不愿意承担风险，企业可通过降低收益共享系数的方式来增加固定研发费用支付比例，以降低研发供应商的风险水平。对于隐性知识易于共享的研发项目，企业也可以要求研发供应商负担更多的风险，甚至要求研发供应商缴纳一定的保证金以激励其进行隐性知识共享[10]。在长期合作中，研发供应商良好的信誉有助于减小其知识泄露倾向。在契约机制和信誉机制的双重影响作用下，企业只需付出相对较小的共享收益，就能够使基于知识资产控制权转移的合作创新活动顺利开展。因此，企业进行长期的知识资产控制权转移时，具有良好信誉的研发供应商是其相对较优的选择（耿紫珍等，2010）[133]。

楚岩枫等（2017）基于客户价值取向视角对 IT 产品研发外包的关系契约进行了设计。该研究指出，关系契约是确保发包方企业获取产品的超越价值功能的重要手段。当贴现率低于临界值时，发包方企业具有较大的违约可能性，研发供应商为发包方企业提供的产品很难实现超越价值功能的目标；当贴现率高于临界值时，采用关系契约激励策略能够使发包企业得到产品价值目标最优产出，并能促进其收益增加；当贴现率位于临界值时，发包方企业的总收益与产品二元价值功能目标权重之间存在正相关关系[134]。

2.1.3 研发外包的模式及演化路径

2.1.3.1 研发外包的模式

学界有关企业研发外包模式的研究主要从单维度和多维度两方面展开。在单维度划分中，吉利和拉希德（2000）的研究最具代表性，其将外包业务的重要性作为划分依据，认为企业外包模式分为核心业务外包和边缘业务外包两类[25]；托马斯等（2006）基于资源观视角，认为企业外包模式包括核心业务外包、互补型业务外包和非核心业务外包等3种模式[26]；尤思特（Ulset，1996）从外包合同管理控制权与产权排他性角度，将企业外包模式分为内制外包模式、市场外包模式和混合外包模式3类[135]；林菡密（2004）根据企业外包程度的不同，将企业研发外包模式划分为完全研发外包模式和部分研发外包模式两种类型[136]；徐姝（2006）的研究认为企业研发外包模式是由早期研发外包模式、基础研发外包模式和高级研发外包模式组成[137]。

在多维度划分中，国外学者巴勒灿德然和约翰（Balachandra & John，1997）从技术（熟悉/不熟悉）、市场（新市场/旧市场）和创新（渐进式创新/突破式创新）3个维度将企业研发外包模式划分为8种类型[27]。科恩和扬（2007）基于资源整合与企业战略视角，将企业研发外包模式划分为效率型研发外包、增强型研发外包和转变型研发外包等3种模式，效率型研发外包模式是指企业注重采用削减成本或成本控制等方式来实现运营效率提升；增强型研发外包模式是指企业通过调整和优化服务或业务流程以建立竞争优势；转变型研发外包模式是指企业借助商业模式变革来获取新的市场和技术[28]。

温斯特拉等（Wynstra et al.，2000）基于研发风险（高风险/低风险）和研发供应商的参与程度视角认为，企业研发外包模式包括4种类型，即常规研发外包模式、重大研发外包模式、短期研发外包模式以及战略研发外包模式。常规研发外包模式下，研发风险低且研发供应商的参与程度也低，企业控制研发原材料采购标准甚至是全部研发技术，并监控整个研发过程，以确保研发工作顺利开展；重大研发外包模式下，研发风险高且研发供应商的参与度低，研发供应商会与企业交换市场信息和技术信息，并参与企业的研究界面设计、工作连接和传输等部分工作；短期研发外包模式下，研发风险低且研发供应商参与度高，研发供应商根据企业提供的明确且详细的研发内容来开展具体研发设计，且较少与企业进行信息交换；战略研发外包模式下，研发风险高且研发供应商的参与程度也高，研发供应商在产品的概念构思初期就开始参与企业的研发活动，并就技术、项目计划及进展等问题与企业进行大量的信息交流[138]。

国内学者伍蓓等（2009）从企业战略、技术和创新性角度，将企业研发外包的模式分为效率型研发外包模式和创新型研发外包模式两类。该研究认为，当企业采用效率型研发外包模式时，企业的研发需求已经明确，研发目标是降低成本和提高效率，研发外包的技术属于成熟技术，市场成熟性高，创新性较低。当企业采用创新型研发外包模式时，企业的研发需求尚不明确，研发目标是获取新收益、新技术、新市场以实现商业模式转变，研发的技术属于前瞻性的技术，创新性较高[34]。

2.1.3.2　研发外包模式的演化路径

当企业处于快速变化的环境时，为获取更多的外部技术，其更倾向于采取外包战略来适应技术变革。但外包战略具有明显的动态性特征，因此企业需要根据自身发展的不同时期和阶段来适时调整外包模式。外包网络的形成过程是渐进演化的，受到企业社会资本与结构孔的推拉作用。在外包网络中，作为网络设计者的核心企业位于结构孔位置，且具备控制优势，其决定了外包供应商的进入机制，因而能够挑选出最具竞争优势的供应商，从而促进以核心企业为中心的外包网络形成（尹建华，2005）[139]。

从社会网络角度来看，外包网络的演进过程涵盖了强联系与弱联系两种模式，这为研究不同类型研发外包模式的动态演化提供了理论借鉴。格兰诺维特（Granovetter，1973）的研究认为外包网络成员间的关系可分为弱联系和强联系两类，并将各成员在时间和精力方面的投入以及利益互惠程度作为成员间关系类型的判别标准[140]。尹建华（2005）的研究认为外包网络的形成体现为强联系与弱联系两类主导模式，并指出强联系主导型的网络成员源自不同行业，目标在于促进创新、新市场开发和企业能力提升，更强调协调能力。而弱联系主导的外包网络是由来自同一行业的成员组成，成员间的合作更具连续性，且对环境的依赖性更强[139]。

从核心能力角度来看，外包被学界视为企业核心能力提升的有效战略，但学者们普遍认为企业一般不会轻易地将影响自身核心竞争力的业务进行外包（Zirpoli & Becker，2011）[141]。当企业在外部寻找稀缺的互补资源时，其会选择资源优势突出的外包供应商，并采用基于核心能力的外包模式（Howells et al.，2008）[2]。蔡俊杰和苏敬勤（2005）的研究认为外包网络的演进是由需求拉动阶段到成本优先阶段，再到基于核心能力的外包阶段的过程[142]。阿诺德（2000）的研究认为核心能力的渗透程度决定了企业是否将业务外包[22]。企业采取基于核心能力的外包模式的目的是更有效地促进其核心产品技术平台发展，进而提升其在模块化设计、研发管理等方面的能力（Hsuan & Mahnke，2011）[143]。但企业需要充分掌握自身研发水平与核心能力的实际状况，在不同类型的外包模式中进行动态选择，以此保证外包的成功和外包收益的获取（伍蓓等，2013）[29]。

格雷纳（Greiner，1972）基于企业从创立、成长、成熟到衰退的4个阶段，提出了生命周期理论模型。其认为企业的成长是一个不断变化的发展历程，企业生命周期所特有的权变性特征，使位于不同阶段的企业呈现出不同的发展特点。因此，企业需要对各阶段中影响自身成长的因素进行研究和分析，才能权变地选取应对策略[144]。在企业生命周期中，技术创新始终是其获取竞争优势的源泉，也是其获得持续稳定成长的助推器。企业进行的研究和开发活动正是其实现技术创新的根本途径。厄特巴克和阿伯内西（Utterback & Abernathy，1975）提出了著名的 U‐A 创新过程模型，认为产业技术创新的形成需要经历从变动到过渡再到特定 3 个阶段[145]。苏安和马赫克（Hsuan & Mahnke，2011）将企业研发外包进程划分为 3 个阶段：初始阶段、成熟阶段和衰退阶段[143]。从本质上来说，研发外包涵盖了资源、关系和知识等维度。伍蓓等（2013）基于企业生命周期理论探讨了企业效率型研发外包模式和创新型研发外包模式的演化规律。其研究结果表明，在企业从发展初期到发展期再到成熟期的过程中，效率型研发外包模式和创新型研发外包模式的主导地位发展趋势存在明显差异，具体而言，前者在逐渐降低，而后者不断得到强化[29]。

效率型研发外包与创新型研发外包两种模式存在明显的异质性特征，因此企业在进行研发外包战略决策时需要根据内外部环境的实际情况，权衡两种研发外包模式的利弊，才能做出最适宜企业发展的战略选择。但两种研发外包模式的协同互补效应仍然存在。具体来说，当企业处于发展的初始阶段时，其技术水平与研发能力均较薄弱，此时其应当以效率型研发外包为主导，更有助于其逐步走出自身的人力、物力及技术匮乏困境。在企业的发展阶段，随着规模的不断扩大，企业的技术与产品需求与日俱增，其技术水平与研发能力也有明显提升，此时可将企业资源集中于新产品和技术探索，并将成熟技术外包给外部专业机构，以此建立长久的竞争优势。因此，位于发展阶段的企业的效率型和创新型研发外包强度均会得到逐步增强。当企业上升到成熟阶段以后，其产品和技术的发展开始趋于稳定，企业将挖掘突破式新技术并加大对未来技术的储备力度作为其主要任务，这使创新型研发外包程度不断提高，而效率型外包强度逐渐降低。可见，在企业成长的不同阶段，效率型研发外包和创新型研发外包呈现出明显的动态协同互补的发展态势。

综上所述，在企业成长的各个阶段，效率型研发外包和创新型研发外包均能够对企业技术创新起到重要作用，但两种研发外包模式的作用程度有所不同。随着研发外包市场的不断成熟，企业在加强外包项目管理的同时，还应注重技术积累，并适应市场需求推进产品研发和外包流程管理。企业应根据自身所处的生命周期阶段特点择机选择研发外包模式。在初始阶段，企业仅具备有限的知识水平与技术能力，此时应选取渐进性创新模式，在研发外包模式上以效率型研发外包为主导；在发展阶段和成熟阶段，企业的技术能力和研发水平得到显著提升，可适当采用突破性创新模式，以创新型研发外包模式为主导。

2.2　关系质量理论

2.2.1　关系质量的概念界定

关系质量的概念最早出现在传统营销领域，是企业与客户之间的互动关系状况的体现（Crosby et al.，1990）[44]。之后学者们从管理学、心理学以及社会学等学科视角拓展了关系质量研究领域，对于关系主体的认知由"企业—顾客"扩展到组织间关系，逐步形成了跨学科多领域的关系质量理论体系（Chen et al.，2013）[146]。借鉴前人的研究成果，本书将研发外包情境中的关系质量界定为：发包方企业感知其与研发供应商之间的关系促进实现企业预期研发合作结果的程度。其本质上是增加企业提供物的价值，并加强外包双方的信任与承诺，进而维系合作双方长久关系的一组无形利益。

2.2.2　关系质量的构成维度

关系质量是关系主体对彼此亲密、信任、满意的感知程度，能够反映关系双方对未来长期合作关系的信心水平（Hennig – Thurau & Klee，1997[46]；Holmlund，2001[47]）。信任、满意和承诺被学界视为关系质量的主要衡量指标（Ulaga & Eggert，2006）[70]。个别学者基于情感导向开发了包含感情、人情和信任等维度的 GRX 关系量表（Yen et al.，2011）[147]。也有学者基于中国传统文化及转型制度环境特征，认为关系质量应包括人情、感情、信任、承诺和满意等维度（李雪灵、申佳，2017）[148]。早期关于外包合作关系的研究主要以合作关系阶段作为外包关系类型的划分依据。克莱伯和琼斯（Klepper & Jones，1998）最早将基于社会交换理论的买卖双方关系发展引入外包合作关系，并将其分为认知、探索、扩张和承诺四个阶段[149]。企业与外包供应商之间良好的关系质量被认为是外包成功的关键因素（Handley & Jr，2009）[14]。企业间良好的外包合作关系能够为企业创造、获取更广泛的关系，并有利于企业将外部关系与企业现有的智力资本进行有效整合。

基于伍蓓和陈劲（2011）的研究，本书将企业与研发供应商间的关系质量分为信任、满意、承诺和相互依赖等 4 个维度[36]。其中，信任是指即使没有对方的监督和控制，研发外包双方仍愿意并有能力兑现承诺，且相信彼此都不会利用对方的弱势来牟取利益。由于研发合同在事前设计时具有明显的不可描述性特征，且在事后执行过程中往往又难以验证，导致外包双方制定的合同性规定并不能有效约束外包供应商的项目交叉资助等道德风险行为（费方域等，2009）[9]。研发合同的不完全性和环境的动态性要求外包双方之间必须高度信任，这样研发供应商才能够使用相对较低的成本来快速调整其服务内容和标准，从而满足企业的研发需求。当外包双方之间的信任程度较高时，任何一方做出机会主义行为的概率都会降低，外包双方也会更真诚地进行交流与沟通，并为对方提供准确的技术或市场信息，进而有助于提高外包合作成功率及外包绩效。信任维度包含研发外包双方能够实事求是、平等对待地商谈业务程度；双方在任何时候都是忠实的朋友程度；双方在任何情况下做出的决策对彼此都有益程度。

满意是指企业对外包供应商提供的产品或服务的感知与其预期效果比较后的愉悦或失望状态（Szulanski，1996）[150]。企业对产品或服务的满意度越高，其对外包双方关系持续性的态度越积极，外包双方之间联系的紧密程度将得到增强，外包供应商维持外包关系的愿望也会强化。满意维度包含企业通过研发外包获得预期的利益程度；企业在项目中遇到问题时，研发供应商能够及时解决的程度；研发供应商能够有效率地完成企业委托的研发工作程度。

承诺是外包双方尽力维系企业间价值关系的愿望，也是彼此对实现共同目标的保证（Morgan & Hunt，1999）[91]。承诺在外包关系中被视为合同以外的重要组成部分，有助于企业基于长期利益来考虑其与外包供应商之间的关系，也会促使企业投入更多的时间和精力去培育外包供应商，进而增强外包双方之间的信任感。承诺维度包含研发供应商能够信守诺言程度；外包双方愿意保持长期合作程度；外包双方会尽力维持良好的外包关系程度。

相互依赖是指外包双方为了维护相互之间的关系以达到最终目标的感知（Frazier，1983）[151]。在研发外包过程中，企业与外包供应商均会在一定程度上对企业间的关系产生依赖。外包双方的相互依赖性越强，越可能实现企业间知识和技能共享，进而推动新产品共同研发和生产。相互依赖维度包含研发供应商负责企业的多项业务程度；研发供应商支持和管理企业的核心业务程度；如果外包出现问题，企业的研发工作继续开展的困难程度。

2.2.3 关系质量的前置因素

基于前人的研究成果，并结合本书的研究情境，将关系专用性投资和服务质量均作为研发外包中企业与研发外包商间关系质量的前置因素。下面分别对关系专用性投资和服务质量的概念进行界定，并分析其构成维度。

2.2.3.1 关系专用性投资的界定及其维度

作为交易成本理论的核心概念之一，资产专用性问题引起了学界的关注。威廉姆森（Williamson，1985）的研究指出，当一项资产的生产价值保持不变时，如果改变其既定用途会导致高成本性甚至是无法实施，那么这类资产就属于专用性资产，其所具有的这种特征即资产专用性[152]。企业在实施创新战略过程中需要不断增加专用性资产投入，但专用性投资在促进企业间持续性合作的同时，其特有的"锁定"效应会引发"套牢"问题，进而对企业创新的边界和效率产生重要影响。克莱茵等（Klein et al.，1978）基于资产专用性提出了可占用性准租的概念，并考察了企业的后契约机会主义行为。该研究认为，当交易的一方做出专用性投资以后，可占用的专用性准租就会出现，其计算方式为承租人的最优使用价值与另一承租人的次优使用价值之间的差额。资产专用性程度越高，则可占用性准租也越大。这是因为契约的不完全性使合作双方的机会主义行为动机增强，而资产专用性所催生的可占用准租也提高了这种机会主义行为存在的可能性，最终会导致合作双方的专用性投资难以实现最优，也致使合作双方间合约的谈判和执行更难开展[153]。

关系专用性投资是基于合作伙伴之间的特定契约关系而进行的相关投资，旨在维持合作双方的长期交易关系（Williamson，1985）[152]。代尔和辛格（1998）认为关系专用性投资是指为了强化合作成员间关系所进行的特殊投资，并认为合作双方通过关系专用性投资获得的租金将高于行业平均水平[90]。罗坎等（Rokkan et al.，2003）的研究指出关系专用性投资会锁定于其投资领域的特定形态，只有在合作关系得以延续时，这些投资才有可能用于其他用途，否则该投资就会贬值[154]。基于研发外包情境，本书将关系专用性投资界定为：企业和研发供应商为了增强彼此合作关系所进行的特定交易投资。这些投资在一定程度上锁定研发外包双方间的关系，进而为投资方带来较高水平的关系租金，从而有助于其建立竞争优势。假如外包双方间的交易关系终止，则会导致投资方事前的专用性资产投入部分甚至全部变成沉没成本。

威廉姆森（1991）基于交易成本理论认为，关系专用性投资包括区域专属性、实物资产专用性投资、人力专用性投资、资产专属、时效专用性投资等[155]。尼尔森（Nielson，1996）认为渠道关系中的专用性投资包括硬件资产投资和软件资产投资[156]。辛和皮尔斯（Xin & Pearce，1996）的研究将私人关系看作关系专用性投资的维度之一[157]。培尔顿等（Pelton et al.，2001）按照合作双方投入资产的属性作为划分标准，认为关系专用性投资是由有形的关系专用性投资和无形的关系专用性投资构成[158]。王等（Wang et al.，2014）的研究将关系专用性投资分为组织层面关系专用性投资和个人层面关系专用性投资两个维度[159]。

借鉴霍特克和梅莱维特（Hoetker & Mellewigt，2009）的研究，本书将研发外包中的关系专用性投资分为实物型关系专用性投资和知识型关系专用性投资两类[160]。其中，实物型关系专用性投资包含外包双方在专用性工具、设备和人员等有形资源方面的投入；知识型关系专用性投资包括外包双方在人力资本、技术、技能以及业务流程改造等无形资源方面的投入。

2.2.3.2 服务质量的界定及其维度

格罗路斯（Gronroos，1984）最早提出消费者感知的服务质量概念，其将服务质量分解为功能质量和技术质量两类。其认为功能质量是指顾客通过服务交互获得的服务水平感知，而技术质量是指顾客在服务终止后获得的服务结果[161]。帕拉苏拉曼等（Parasuraman et al.，1985）认为服务质量是指顾客感知与其期望的服务质量水平之间的差异[162]。卡曼（Carman，1990）的研究认为服务质量是指消费者接受服务时感知的服务水平[163]。服务具有无形性、易逝性、异质性和不可分离性等特征，因而不能使用产品外观、寿命周期等衡量实物产品的客观指标评价服务质量。

学界普遍认为顾客感知差距是服务质量形成机制的核心。格罗路斯（1984）首次提出顾客感知服务质量模型，认为顾客实际感知与期望的服务质量间的差距即为顾客总体感知服务质量[161]。帕拉苏拉曼等（1985）建立了服务质量差距模型，将顾客期望划分为理想期望和适当期望[162]。来特汉毛尔等（Zeithaml et al.，1993）通过对该模型的修正，认为顾客容忍区间是指顾客理想期望与适当期望之间的差距，同时指出服务承诺、顾客自我认知和经历等因素均对顾客期望具有重要影响[164]。洛夫洛克（Lovelock，1994）的研究考察了顾客对企业市场宣传信息的理解偏差，以及顾客感知、顾客对市场沟通的理解与服务经历之间的比较等因素对服务质量的影响[165]。韦罗妮卡和斯特兰德维克（1995）的研究将顾客感知服务质量细分为情节感知和关系感知两类，并认为容忍区间同样存在于关系层面[45]。布洛克维克等（Brogowicz et al.，2009）建立的顾客感知服务质量综合模型，从技术质量差距和功能质量差距两个方面阐释了顾客感知服务质量差距，并指出服务质量的影响因素还应包括人力资源、有形要素、企业形象以及企业使命等[166]。

学界对顾客感知服务质量的测度主要采用量表测量法和综合评价法两种评价方法。其中，最具代表性的是帕拉苏拉曼等（Parasuraman et al.，1985）提出的 SERVQUAL 模型，它是根据服务质量在有形、可靠、响应、保证和移情等 5 个方面的发展程度对服务质量进行了维度划分[162]。帕拉苏拉曼等（1994）考察了感知质量与理想质量的差异、感知质量与适当质量的差异对服务质量的影响[167]。尽管学者们对 SE-RVQUAL 模型的争议从未间断，但目前该模型仍然被广泛应用于许多行业的服务质量评价研究。克罗宁和泰勒（Cronin & Taylor，1992）提出的 SERVPERF 评价方法仅采用服务绩效作为顾客感知服务质量的衡量指标[168]。布若恩等（Brown et al.，1993）采用 Non-difference 评价方法来测量顾客期望与感知的契合度[169]。此外，部分学者采用模糊推理法和 DEMATEL 法来开展服务质量综合评价研究（Lin，2010[170]；Tseng，2009[171]）。

李和金（Lee & Kim，1999）的研究指出供应商服务质量的高低对外包成功具有至关重要的作用，并认为应基于服务质量视角来衡量外包成功[13]。供应商服务质量能够对客户绩效产生正向影响的观点已经得到学者们的认可（Grover et al.，1996）[56]。如果供应商在进行外包决策时仅仅考虑成本问题而忽略服务问题，将导致客户满意度低下。客户与供应商之间长期合作关系的维系，有助于促进客户服务需求符合期望质量。曲刚等（2015）认为客户对外包项目的满意度取决于供应商的服务质量，并通过研究得出服务移情性对客户满意度的影响最明显，服务保证性、可靠性和响应性的作用在弱化，满意度对客户和供应商间的关系质量具有直接影响[172]。

服务质量是对客户的期望与实际感知之间的差异程度和趋势（Parasuraman et al.，1985）[162]。朱加等（Juga et al.，2010）[173]、哥扎马尼等（Gotzamani et al.，2010）[174]研究了物流服务外包情境下的"接包方—发包方"服务质量；格罗弗等（1996）[56]、查卡尔巴蒂等（Chakarbarty et al.，2007）[175]探讨了基于信息技术外包的"接包方—发包方"服务质量。苏秦和杨青青（2012）的研究认为服务外包质量具有更高的不确定性特征，因此应以发包方的主观感受作为服务外包质量的评价标准[176]。基于前人的研究，本书将研发外包情境下的服务质量界定为：研发供应商提供的服务满足发包方企业需求的程度。

借鉴魏想明和操筱薇（2014）的研究成果，本书将研发外包中的服务质量分为声誉、技术能力和沟通质量等3个维度[177]。声誉是研发供应商的重要无形资产，反映了其实力和运营状况，包含可靠性、诚实以及质量等方面。良好的声誉既能促进外包双方的合作与信任，又有助于双方长期战略合作关系的建立。技术能力是反映一个企业综合能力水平高低的重要指标。对于研发供应商而言，既包含其在内部人员、设备及信息方面的能力，又涵盖其内生化知识存量（魏江，1998）[178]。技术能力可细分为常规性技术和创新性技术两方面的能力（Figueiredo，2002）[179]。沟通质量是指研发供应商与发包方企业之间以正式或非正式的形式共享实用性和实效性信息的程度。有效的沟通反映服务质量的移情性，研发供应商通过主动加强外包双方间的交流，及时了解发包方需求并作出反应，有助于减少冲突。

2.3 动态能力理论

2.3.1 动态能力的概念界定

蒂斯和皮萨罗（Teece & Pisano，1994）首次提出动态能力的概念，认为动态能力是指整合和重构资源的能力[180]。在此基础上，蒂斯等（1997）最早提出动态能力理论，指出企业通过对内部和外部竞争能力的整合、构建或重置来应对快速变革的环境，在动态变化的环境中获取并保持竞争优势[181]。动态能力是企业竞争优势的来源，被视为动态能力观的核心所在。艾森哈特和马丁（Eisenhardt & Martin，2000）的研究认为，动态能力是一种常规惯例和过程且能够被识别。该研究对动态能力的范围进行了拓展，并得出动态能力有助于提升企业竞争优势的结论同样适用于静态环境[182]。蒂斯（2007）对动态能力维度结构做了较细致深入的分析，其认为动态能力应包含企业对机会与威胁的感知及辨认的能力、抓住机会的能力，以及强化、结合、保护与资产重构的能力[183]。可见，有关动态能力评价的研究中大多采用了整合能力和重构能力两个维度。

在知识管理中，知识获取、知识连接和知识转化等因素均能够对企业的动态能力产生影响。学习被认为是创造和发展动态能力的主要机制。企业通过学习催生动态能力，进而引导其基础资源和能力的改变（Zollo & Winter，2002）[184]。扎赫拉等（Zahra et al.，2010）的研究发现试错、即兴创作和模仿均有助于企业的动态能力发展[185]。王等（Wang et al.，2015）的研究结果表明，探索性学习能够显著促进企业动态能力，但如果企业只关注开发性学习将对其动态能力产生负面影响[186]。具有较强动态能力的企业更能够对其内外部资源进行有效整合，其推出产品和服务更能适应市场发展需要，并能为客户带来价值增值，从而有助于企业建立更持久的竞争优势（董保宝等，2011）[187]。

动态能力能够促进企业内部新的且难以被模仿的资源组合的创造，并为企业带来超额经济租。作为一种改变企业常规能力与资源组合能力的高阶能力，企业能否在适应实际状况的前提下运用动态能力来改变资源组合，成为动态能力能否促进企业绩效提升的关键点（Zahra et al.，2010）[185]。大量实证研究结果验证了动态能力对企业的财务绩效和竞争优势均具有直接的正向影响（Lin & Wu，2014[188]；Li & Liu，2014[189]）。在面对市场、顾客和技术变化时，动态能力强的企业能够采取进入新市场、开发新产品等手段及时进行改变和创新（Lisboa et al.，2011）[190]。动态能力还能够对企业创新绩效起到显著的促进作用（Makkonen，2014）[191]。郑淞月等（2015）基于动态能力视角的研究发现，在创新型外包项目中，接包方能够通过专项投资促进自身动态能力提升[192]。

动态能力观强调了市场的动态性是驱动企业内在能力演化的外部因素，反映了既定的市场位势与路径依赖下企业获取创新租金和建立竞争优势的能力。借鉴董保宝等（2011）的研究成果，本书将研发外包情境中企业的动态能力界定为：发包方企业通过识别、获取、转化和利用外部知识，并根据外部环境的变化不断地整合与重构自身资源及能力的能力[187]。

2.3.2　动态能力的构成维度

目前学界对于动态能力的维度划分观点各异。蒂斯（2007）从机会与威胁的感知和塑造、机会的利用以及资源的重构3个方面解释了动态能力[183]。舍尔和李（Sher & Lee，2004）基于知识整合、组织学习和资源再配置3个层面来理解动态能力的维度结构[193]。王和艾哈迈德（Wang & Ahmed，2007）的研究指出，动态能力应由适应能力、吸收能力和创新能力三要素组成[194]。巴雷托（Barreto，2010）从企业对机会与威胁的感知、决策的及时性与市场导向性以及资源基础的改变程度等4个维度探讨了动态能力的构成[195]。帕夫洛和埃尔莎伍（Pavlou & El Sawy，2011）对动态能力维度的阐述围绕感知、学习、协调与整合4个层面展开[196]。威尔赫姆等（Wilhelm，2015）对动态能力构成维度的研究主要考察了企业的感知能力、学习与重构能力[197]。

国内学者贺小刚等（2006）基于市场潜力、组织柔性、战略隔绝、组织学习及变革5个方面分析了动态能力的维度结构[198]。曹红军等（2009）从动态信息利用、资源获取与释放、内部整合及外部协调5个层面建立了动态能力五维分析模型[199]。罗珉和刘永俊（2009）认为动态能力涉及市场导向感知、组织学习吸收、社会网络关系以及沟通协调整合 4 个维度的能力[200]。李晓燕和毛基业（2010）采用案例研究法分析了离岸软件外包供应商的动态能力构建问题，主要从感知机会与威胁、及时决策与客户导向、改变资源基础 3 个维度对动态能力进行细分[201]。焦豪（2011）将动态能力分解为机会识别、整合重构、技术与组织柔性 3 个方面的能力[202]。林海芬和苏敬勤（2012）从感知、吸收、创造与资源整合协调 4 个方面探讨了动态能力的维度划分[203]。戴亦兰和张卫国（2018）选取组织学习、资源整合、资源重构、组织创新和战略隔绝机制等 5 类能力来衡量动态能力[204]。卢启程等（2018）从感知响应、整合利用与重构转变 3 个方面阐释了动态能力的构成维度[205]。

基于现有的研究成果，本书将研发外包情境中企业的动态能力细分为市场感知能力、组织学习吸收能力和整合重构能力 3 个维度。其中，市场感知能力包括企业对研发供应商和竞争者的创新行为和科学技术领域的最新成果的关注度，以及企业通过多种途径及时了解本行业的发展动态的程度；组织学习吸收能力包括企业对获取外部知识、经验和咨询意见，记录并积累点滴的知识和经验，以及整理、保存并使用知识和经验的重视程度；整合重构能力包括企业有效整合重组现有资源、快速再设计内部工作流程和程序、快速调整内外关系网络和网络沟通方式的程度。

2.4　企业创新绩效

2.4.1　企业创新绩效的概念界定

学界对创新绩效的定义并未达成共识，组织管理学派认为创新绩效有广义和狭义之分。从广义上看，创新绩效是指创新过程中企业的实际产出和服务等结果绩效；就狭义而言，创新绩效是指企业的创新水平和创新结果（侯二秀、郝唯汀，2012）[206]。本书研究的企业创新绩效是指研发外包中发包方企业通过外包全部或部分研发业务而获取的创造力及战略成果，包括战略能力和技术催化。其中，战略能力是指企业在战略方向重新定位、自身核心能力集聚以及增强柔性等方面的成就（Lee et al.，2004）[207]；技术催化是指企业在技术陈旧风险规避、技术资源和创新型人才获取等方面的成就（Sia et al.，2008）[208]。

2.4.2　企业创新绩效的测量

在企业创新绩效的测量方面，宋和佩里（Song & Parry，1996）从市场角度，采用新产品在市场上的获利能力、相对的销售绩效和市场占有率，以及新市场机会共 4 项具体指标[209]。哈哥多和斯罗德（Hagedoorn & Cloodt，2003）选取 R&D、申请和引用的专利数以及新产品发布数作为企业创新绩效的衡量指标[210]。多数学者从产品创新和过程创新两个方面测算企业创新绩效水平。普拉乔和阿赫密（Prajogo & Ahme，2006）以技术创新的作用和功能为划分标准，认为创新绩效应选用产品创新应用成果、产品和服务创新种类和成本，以及产品变革速度等指标来测量[211]。阿雷格里和希瓦（Alegre & Chiva，2008）使用企业在新市场的开拓程度、市场份额和产品替代性来评价企业创新绩效[212]。金和梅纳（Kim & Menor，2012）采用产品的获利能力、客户需求响应、品牌知名度以及市场竞争力状况等指标来测算企业创新绩效[213]。焦等（Jiao et al.，2015）认为在测度企业创新绩效时，应综合考察企业在产品创新、技术创新、流程创新和管理创新等方面的发展水平[214]。

彭灿和杨玲（2009）从产品创新和工艺创新两方面来评价企业创新绩效。该研究选取企业当年申请的产品专利数、新产品数量占企业产品总数比例，以及新产品销售比例来衡量产品创新绩效；选取企业的产品质量改善率、生产周期缩短的时间、产品成本下降率来衡量工艺创新绩效[215]。张旭梅和陈伟（2012）从产品创新和市场绩效两个方面，采用了企业开发的产品新颖程度、竞争优势、新市场或新机会的开拓程度、预期的市场占有率以及客户满意度等 5 项指标对企业创新绩效进行测度[216]。岳中刚（2014）在探讨逆向研发外包的创新效应时，采用人均专利申请量作为企业创新绩效的衡量指标，并将人均实用新型专利申请量作为替代变量进行稳健性检验[35]。

本书参考伍蓓等（2009）的研究成果，选取近三年发包方企业在新产品数量、专利申请量、新产品销售额占比、新产品开发速度以及创新产品成功率 5 个方面与国内同行主要竞争者的情况比较来衡量企业创新绩效水平[34]。

2.5　研发外包中关系质量对企业创新绩效的影响路径

2.5.1　知识共享路径

企业需要具有专有技术等内部资源优势，才能在激烈的市场中保持竞争优势。当企业拥有的资源已经不能满足其成长需要时，其就会倾向于通过建立企业联盟等方式与其他企业合作来从外部获取优势资源，以实现经营绩效提升和价值创造（Chung et al.，2000）[217]。如果合作双方都有很强的合作意愿，并愿意将其拥有的资源技术进行共享，那么双方在投入程度都较高的前提下就能够在市场上占据竞争地位（Dyer & Singh，1998）[90]。因此，合作双方对彼此优势资源的依赖性是企业间知识共享的动因之一。企业进行合作研发的目的就是希望借助知识的跨组织共享实现新知识的吸收和利用，进而提升自身的学习能力。此外，作为一种外部学习机会，合作研发能够为企业增加知识源，并能提高企业的知识创造能力，使其能够在特定的技术领域得到拓展（Phan & Peridis，2000）[218]。

在开放式创新模式下，企业通过多种途径将创新项目适度地向外部组织开放,实现了组织间异质性和互补性资源的共享,有利于整合优化内外部创新资源以达到最优的知识动态配置状态,从而获得更多创新资源(张方华,2010)[219]。大量的实证研究结果表明,企业间知识共享有助于其获得关键性的技术诀窍和相关研发经验,提高企业的知识储备及其研发人员的研发能力,进而降低研发成本,从而提高企业创新能力(Kogut & Zander,1996)[220]。研发外包知识共享是知识在企业与研发供应商间跨组织双向"流动"的过程。知识与企业本身的固有属性及其在合作中的特殊表现会对知识的跨组织共享产生阻力,主要表现在企业文化、组织学习能力和技术性壁垒等方面。企业可以采用形式化语言在组织间进行显性知识的传递,但在隐性知识的跨组织共享中,企业往往基于对自身专有技术保护的考虑,其会对拥有的技术严格保密或通过专利形式进行保护。企业间共有知识的层次及共有程度决定了企业间知识传递的难易程度(Grant,1996)[221]。

基于已有的研究成果,本研究认为知识共享可以作为研发外包情境下关系质量影响企业创新绩效的一条重要路径,具体表现为:第一,关系质量可能通过提高知识共享程度,间接增加企业创新绩效;第二,关系质量可能通过提高知识共享程度,促使企业的动态能力增强,进而间接提升企业创新绩效;第三,关系质量可能通过提高知识共享程度来推进企业间知识转移,进而使企业的动态能力得到强化,从而间接提升企业创新绩效。下面对本书的知识共享进行界定,并分析其构成维度。

2.5.1.1 知识共享的界定

知识共享是知识管理的基点与优势所在,也是实现知识分享、利用及创造的关键过程。学者们基于社会认知理论、社会资本理论、社会交换理论、动机理论和计划行为理论等对企业内和企业间知识共享问题进行了广泛且深入的研究。格兰特(Grant,1996)认为企业间交易的过程实质上是知识共享的过程[221]。霍尔特休斯(Holtshouse,1998)将知识视为一种"流",认为知识通过在知识的提供方与需求方之间相互流动,进而能够产生最佳的知识流量[222]。企业之间利用多种方式来交换与对方密切相关的各类知识，从而获取与市场、产品、技术、商业运营相关的信息以及隐性诀窍（Doz，1996）[223]。南希（Nancy，2000）认为知识共享是指通过与他人分享知识使双方共有这种知识，甚至是整个组织都能够"知晓"此知识[224]。塔克驰（Takeuchi，1995）认为组织成员之间通过共同化、外化、结合以及内化过程中互动使默会知识与明晰知识得以分享，进而间接实现了成员与组织间的知识共享[225]。杜荣等（2012）将知识共享定义为：组织内部或跨组织的员工之间通过各种渠道交流和分享知识，以扩大知识的利用价值并催生学习效应[226]。

基于现有的研究成果，本书将研发外包情境中的知识共享界定为：研发外包双方通过正式与非正式的交流进行技术、市场及流程等知识分享。企业既需要研发供应商共享外包中产生的知识特别是隐性知识，又需要通过知识共享掌握一定的特殊技能和专长，以确保能正确使用交付的业务。同时，企业也要向研发供应商共享其内部的特定技术和流程等知识，才能快速实现外包业务与企业内部流程的兼容，从而确保研发供应商能够顺利完成企业委托的研发任务。

2.5.1.2 知识共享的构成维度

国内外学者基于不同研究视角，从单维度和多维度探讨了知识共享的维度结构，但目前尚未形成统一的划分标准。有关知识共享的单维度的研究成果主要是以理性行为理论、计划行为理论为基础，通过知识共享态度、知识共享意愿、知识共享主观规范或知识共享行为等单一指标来测度知识共享水平（Bock et al.，2005[227]；Chow & Chan；2008[228]）。也有学者从能力角度，将知识共享能力作为知识共享水平的衡量指标（Kim & Lee，2006）[229]。

学界有关知识共享的多维度的研究成果主要集中在共享知识的类型、渠道、流动方向、主体范围、过程、效果等方面。一是根据共享知识的不同类型，将知识共享分为显性知识共享和隐性知识共享（Bock et al.，2005[227]；Wang et al.，2014[230]）。二是根据共享渠道的不同，将知识共享分为正式知识共享和非正式知识共享（Taminiau et al.，

2009）[231]。三是按照知识流动方向划分，将知识共享分为知识贡献和知识收集（Van den Hooff & Huysman，2009）[232]。四是按照主体范围划分，将知识共享分为个体间、团队内部与外部、组织内部与组织间、组织与顾客间的知识共享等多个层面（Mooradian et al.，2006[233]；Chen & Barnes，2006[234]）。五是按照知识共享的阶段划分，萨拉加和伯纳赫（Zarraga & Bonache，2003）将知识共享分为知识转移和知识创造[235]；戴勇和胡明溥（2016）认为知识共享是由知识的识别、实施和整合三个阶段构成[236]。此外，学者们从知识共享的广度与深度、数量与质量、强度与有效性、频率与努力程度等方面对知识共享的维度进行了探讨（Cho & Lee，2004[237]；Willem & Buelens，2007[238]）。也有学者从双元式知识共享角度，认为知识共享应包括探索式知识共享和利用式知识共享两类（de Vries et al.，2014）[239]。

本书参考王和诺埃（Wang & Noe，2010）的研究成果，将研发外包双方间的知识共享划分为知识共享行为和知识共享效果两个维度[240]。其中，知识共享行为包括外包双方共享结构化知识的意愿、频率，以及双方为彼此间的学习和交流创造机会的努力程度；知识共享效果包括企业通过研发供应商获取结构化知识的程度、获取完整性、准确性以及有用性。

2.5.2 知识转移路径

企业间的知识既包括双方在合同中明确的技术和管理知识，又包括双方沟通合作过程中的隐性知识，这些知识都是企业能力积累的重要源泉。显性知识能够被编码、可形式化和文本化，易于被编码、传递和转移。隐性知识则只能通过观察、实践、干中学和师徒制等传递，因此不同程度的企业间协同会对两种类型的知识产生异质性影响。跨组织的知识转移对企业的成功具有重要作用（Wijk，2010）[241]。知识转移过程涉及知识转移的主体、情景、内容及媒介4个方面。野中郁次郎（Nonaka，1994）提出了知识创造模型，其认为知识创造受到内部化、外部化、组合及社会化等模式的交互影响，并在不同类型知识的转换和重组的过程中得以实现[242]。兰斯基（Szulanski，1996）通过建立知识转移模型识别出知识转移 4 个阶段的影响因素，并指出随着知识转移阶段的上升，知识转移受到知识来源方性质的影响会降低[150]。吉伯和克里斯汀（Gilbert & Cordey – Hayes，1996）的研究指出，知识转移过程是由知识的获取、沟通、应用、接受及同化 5 个阶段构成。该研究还认为，由于组织自身某种知识的匮乏而引致"知识落差"，进而导致其知识引进及知识转移行为的出现[243]。

知识转移也会发生在发包方与接包方的交易之中（Li et al.，2008）[8]。由于企业在外包活动中进行知识分享时往往会存在一些顾虑，比如知识泄露问题将会使自身的权力弱化，而合作方会拥有更多的话语权（Zhou et al.，2014）[244]。在组织间学习中，具有更快学习速度的一方更容易占据主导地位，即存在因学习速率的不对等性而产生权力不对等问题的风险。因此，外包知识转移效果会受到合作双方学习和分享知识的动机与意愿、学习机会以及学习能力等因素的影响（王永贵等，2015）[245]。

基于前人的研究成果，本研究认为知识转移可以作为研发外包情境下关系质量影响企业创新绩效的另一条重要路径，具体表现为：第一，关系质量可能通过提高知识转移程度，进而间接增加企业创新绩效；第二，关系质量可能通过直接促进知识转移程度提高来增强企业的动态能力，从而间接提升企业创新绩效。下面对本书的知识转移进行界定，并分析其构成维度。

2.5.2.1 知识转移的界定

知识转移的概念最早是由蒂斯（Teece，1977）提出，其认为企业通过技术的国际转移能够实现大量跨国界应用知识的积累[246]。亨德里克斯（Hendriks，1999）将知识转移界定为知识的提供者和接受者之间的沟通过程，知识提供者先将其拥有的知识外化，而后知识接受者再将这些知识进行内化[247]。克朗（Krone，2000）基于信息理论视角，将知识转移定义为发送与接收知识双方间的组织知识互换的过程[248]。阿谷特（Argote，2000）基于内部知识视角，将知识转移界定为一个网络成员受其他成员经验影响的过程[249]。布琉萨等（Bou - Liusar，2006）基于战略性知识资产视角，认为知识转移是指企业内外部转移的知识交换过程[250]。

组织间知识转移的过程比组织内知识转移更为复杂。学者们对组织间知识转移的影响因素及其作用机理进行了较为深入的探讨，相关研究成果集中在知识特征、组织特征和网络特征等方面（Easterby - Smith，2008）[251]。企业与研发供应商之间的知识转移被视为研发外包成功的前提条件。相比一般的知识转移，研发外包情境下的知识转移过程更复杂，风险性也更高，且具有明显的互补性、持续性和人员依赖性等特点。基于现有的研究成果，本书将研发外包情境下的知识转移界定为：为减少知识差距并促进研发外包成功而在企业与研发供应商之间进行的知识转移活动。

2.5.2.2 知识转移的构成维度

现有研究证实了显性知识转移能够对企业新知识的创造起到促进作用，并有助于提升企业的新产品创造力。隐性知识难以形成文本，其价值也不能被第三方验证，致使研发供应商大多不愿意主动转移隐性知识，但这些隐性知识往往又是企业希望通过研发外包获得的关键知识技术。因此，参照已有研究的普遍做法，本书将研发外包中企业与研发供应商间的知识转移划分为两类，即显性知识转移和隐性知识转移。其中，显性知识转移包括研发供应商为企业提供完整的产品使用手册、设计规范等文件的程度，其通过多种方式及时向企业传递产品需求和开发等知识的程度，以及外包双方交流产业发展趋势等信息的程度；隐性知识转移包括外包双方会交流有关竞争对手和顾客知识的程度，企业向研发供应商学习技术经验、诀窍等的程度，以及其对研发供应商所需服务等知识的了解程度。

2.6 研发外包中关系质量对企业创新 绩效影响机制的研究框架

根据上文对研发外包理论、关系质量理论和动态能力理论的相关文献的分析，界定了关系质量、关系专用性投资、服务质量、动态能力、企业创新绩效等概念及构成维度，分析了研发外包的两种模式及演化路径，并界定了研发外包中关系质量对企业创新绩效影响的知识共享路径和知识转移路径各变量的概念及其构成维度，以此提出研发外包中关系质量对企业创新绩效的影响机制的研究框架，如图 2-1 所示。首先分析研发外包情境下关系质量对企业创新绩效的影响作用，然后分别从驱

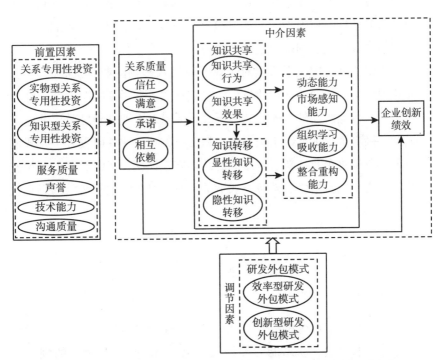

图 2-1 研发外包中关系质量对企业创新绩效的影响机制的研究框架

动机制、中介机制和调节机制三个方面探究研发外包中关系质量对企业创新绩效的影响机制。

对于研发外包中企业与研发供应商间关系质量的驱动机制的研究，首先从理论上分析关系专用性投资和服务质量两个前因变量与研发外包双方间关系质量间的关系，构建研发外包中关系质量的前置因素的理论模型；接着采用结构方程模型分析方法，建立研发外包中关系质量的前置因素的结构方程模型，实际验证研发外包中关系专用性投资和外包服务质量对关系质量的影响效应。

对于研发外包中关系质量对企业创新绩效影响的中介机制的研究，首先从理论上分析知识共享、知识转移和动态能力三个中介变量在关系质量与企业创新绩效间关系中的作用，构建研发外包情境下关系质量、知识共享、知识转移、动态能力与企业创新绩效之间的关系模型；接着采用结构方程模型分析方法，建立研发外包中关系质量对企业创新绩效作用机制的结构方程模型，实证检验研发外包中关系质量对企业创新绩效影响的直接效应、间接效应和总效应。

对于研发外包中关系质量对企业创新绩效影响的调节机制的研究，首先从理论上分析调节变量研发外包模式在关系质量影响企业创新绩效中的作用，构建研发外包模式调节下关系质量对企业创新绩效影响的理论模型；接着采用多群组结构方程模型分析方法，建立研发外包模式调节下关系质量对企业创新绩效影响的结构方程模型，实证考察效率型研发外包模式和创新型研发外包模式下关系质量对企业创新绩效的影响机制差异。

2.7　本章小结

本章在第 1 章归纳总结了国内外相关研究成果的基础上，首先对研发外包、关系质量、动态能力等相关理论进行阐释，是全书的理论基础。界定了研发外包的概念，分析了研发外包的特征，以及研发外包中的关系契约激励机制；基于对效率型研发外包模式和创新型研发外包模式的比较分析，进一步探讨研发外包模式的演化路径，认为应基于企业生命周期进行研发外包模式选择；界定了关系质量、关系专用性投资、服务质量、动态能力、企业创新绩效等概念及构成维度；界定了研发外包中关系质量对企业创新绩效影响的知识共享路径、知识转移路径的各变量的概念及其构成维度；最后提出本书的总体研究框架，为后续研究提供了理论分析基础。

第 3 章

研发外包中关系质量的前置因素研究

3.1 研究假设与理论模型

本章基于关系质量理论构建研发外包中关系质量的前置因素的理论模型，并设计了实证研究方案。在理论模型构建方面，将关系专用性投资和服务质量均作为研发外包双方间关系质量的前置因素，首先分析关系专用性投资的两个维度（实物型关系专用性投资和知识型关系专用性投资）对关系质量的影响，其次探讨服务质量的 3 个维度（声誉、技术能力和沟通质量）对关系质量的影响。

3.1.1 关系专用性投资对关系质量的影响

关系专用性投资是影响企业间合作关系的关键变量兼具资源属性和关系属性（Rokkan et al.，2003）[154]。作为一种资源投入，关系专用性投资具有很强的价值创造功能，有助于合作双方间信息的传递、外部有限资源的获取以及交易成本的降低，从而为合作双方带来更大收益（Kong，2011）[252]。关系专用性投资也是企业间关系质量的重要保障（蒋守芬、陈信康，2016）[253]。根据社会关系理论，关系专用性投资是一种可置信承诺,体现了投资方对合作双方保持长期关系的信心,进而有助于强化双方合作关系(Morgan & Hunt,1999)[91]。吉普和甘尼申(2000)的研究指出,如果合作双方投入的关系专用性资产具有很强的专用性,则双方停止该关系的成本就会越高,这有利于激励合作双方开展长期合作[116]。玛丽和苏珊(Mari & Susan,2004)的研究认为,合作双方的关系专用性投资程度越高,相互间的信任越容易产生和维持[254]。安德森和韦茨(Anderson & Weitz,1992)通过研究得出,关系专用性投资是一种高强度承诺信号,能够使接收方的关系承诺感知水平大大提高[255]。吉利兰和贝洛(Gilliland & Bello,2002)的研究发现,关系专用性投资引发的转移成本会增加投资方的算计性承诺[256]。罗伯特(Robert,2003)的研究验证了关系专用性资产投入的增加可以促进合作双方的关系满意度提升[257]。

由于专用性领域知识的积累存在明显的"时间压缩不经济性"特征,且投资接收方和投资方之间的路径依赖性较强,这使投资双方更换合作伙伴的成本也大幅度增加(周俊、袁建新,2015)[258]。因此,知识型关系专用性投资有助于培育组织间关系型规范,进而促进投资双方对称依赖合作局面的形成(Kwon,2011)[259]。与实物型关系专用性投资相比,知识型关系专用性投资具有更强的正面效应且负面效应较小。知识型关系专用性投资能够对企业间联合决策产生更强的促进作用,并能够更显著地提升投资方的运营收益和战略利益(Subramani,2004)[260]。知识型专用性投资具有更明确的内容和导向,其产生的"因果模糊效应"和"锁定效应"也更突出,因而其对企业合作创新的作用效果也更显著(Brown et al.,2009)[261]。

国内学者刘益和蔺丰奇(2006)的研究指出,关系专用性投资通过促进人才、知识和技术传递,增强了渠道企业间的信任、承诺和合作,从而提升了企业间的关系品质[262]。武志伟和陈莹(2008)的研究结果表明,普通关系专用性投资能够对企业间关系的持久性和公平性起到显著的促进作用,人情关系投资显著正向影响关系强度[96]。王国才等(2012)通过研究发现,关系专用性投资会影响渠道双方关系信任和关系学习，进而促进双方合作创新[263]。杨治和张俊（2011）探讨了企业和研发机构的相互投资对研发外包决策的影响，揭示了物质资产和人力资产在企业研发外包中的作用，并认为企业应根据专用性投资的特点来进行研发外包策略调整，以达到最优的研发效果[264]。在研发外包过程中，为了获得较高水平的关系租金进而建立长期竞争优势，企业和研发供应商都应当进行实物型和知识型关系专用性投资，以建立和维持企业间战略伙伴关系。本书认为在研发外包情境下，外包双方的关系专用性投资程度越高，则企业间的关系质量水平也越高。由此提出以下假设：

H1a　在研发外包中，实物型关系专用性投资对关系质量有显著正向影响。

H1b　在研发外包中，知识型关系专用性投资对关系质量有显著正向影响。

3.1.2　服务质量对关系质量的影响

服务质量属于顾客感知的主观范畴，其发展水平取决于顾客期望服务同实际服务质量间的比较（Gronroos，1984）[161]。服务质量也是研发外包中企业与研发供应商间关系质量的重要影响因素。企业可以通过服务质量进一步识别并准确评判研发供应商的能力，如果其认为研发供应商是可靠、反应灵敏且善解人意，其就会认定该研发供应商的诚信度较高，对其的信任感也会得到增强，进而倾向于与其进行持久性合作（Morgan & Hunt，1999）[91]。帕拉苏拉曼等（1985）的研究认为高服务质量能够促进顾客满意的增加[162]。秋和胡（Cho & Hu，2009）的研究验证了专业服务环境下服务质量显著影响客户信任和关系承诺[265]。香奈等（Chenet，2010）的研究也指出服务质量对信任和关系承诺的影响显著[266]。朱加等（2010）认为物流服务外包中接包方服务质量是由运作服务质量、人员服务质量和技术服务质量构成，并通过研究证实了接包方服务质量能够对发包方满意和忠诚产生正向影响[173]。查克拉巴蒂等（Chakrabarty et al.，2007）通过实证研究得出服务质量与关系质量之间具有显著的正相关关系[175]。

国内学者范秀成和杜建刚（2006）的研究结果表明，在服务质量的构成维度中，安全性、可靠性和移情性对客户满意和忠诚均产生了显著影响，但响应性的影响程度相当弱，有形性的影响并不显著[267]。苏秦等（2007）通过实证分析客户服务过程中两类交互质量与关系质量维度之间的关系得出，顾客与环境的交互质量对顾客满意和信任均产生直接的正向影响，但顾客与服务人员的交互质量仅直接正向影响顾客满意度[268]。盛天翔和刘春林（2008）探讨了网上交易服务质量对顾客满意和忠诚度的影响。其研究结果显示，服务质量中履行性显著影响顾客满意和忠诚，有效性对顾客满意存在力具有正向影响，私密性显著正向影响顾客忠诚[269]。张涑贤等（2010）的研究发现，服务质量中的过程服务能力显著正向影响关系质量，结果质量对合作性、适应性具有显著正向影响，对关系氛围的影响不显著[96]。戴君等（2015）的研究证实了物流服务质量能够对信任和关系承诺产生正向影响[270]。曲刚等（2015）的研究认为外包供应商的服务质量决定了客户对外包项目的满意度，并指出相比保证性、可靠性和响应性，未来客户会更注重服务的移情性[172]。

拉弗蒂和戈德史密斯（Lafferty & Goldsmith，1999）的研究指出，良好的企业声誉有助于增加客户对企业提供的产品和服务的信心，进而增强客户购买决心[271]。阮语和勒布朗（Nguyen & Leblanc，2001）通过研究验证了企业声誉与客户忠诚度之间显著正相关[272]。声誉能够对企业的机会主义行为起到有效的抑制作用（Houston & Johnson，2000）[273]。特别是在环境不确定性条件下，声誉的经济价值作用表现得尤为明显（尹建华，2005）[139]。从顾客角度来看，良好的声誉意味着企业能够提供高质量的产品和服务，进而降低客户购买风险和交易费用（Hennart，1991）[274]。李永锋和司春林（2007）认为良好的企业声誉能够对专用性投资起到保护作用，并促进复杂交易达成和交易成本降低，从而有助于企业间信任的加强[275]。曲怡颖等（2012）的研究指出，声誉有利于吸引合作企业并产生"晕轮效应"，进而增强企业间的信任度[276]。解进强和付丽茹（2010）的研究认为，声誉能够对合作企业起到隐性激励作用，且声誉显著正向作用于供应链合作关系质量[277]。技术能力强的研发供应商能够为企业提供高质量和高效率的研发服务，因而发包方企业往往更信任这类研发供应商，并倾向于进行更高程度的研发外包。如果研发供应商的专业能力和应变能力较欠缺，其服务质量下降则会导致发包方对其进行更加严格的监控，并将使发包方的外包程度降低。汤普金斯等（Tompkins et al.，2006）的研究得出，诚实、开放和毫无偏见的沟通，有助于建立成功的企业间伙伴关系[278]。作为企业间相互信任的基础，高沟通质量能够促进伙伴关系质量的提高。在研发外包情境下，研发供应商良好的服务质量能够为其创造品牌效应，从而使其更容易赢得发包方企业的青睐与信任。只有当研发供应商具备良好的声誉、较强的技术能力以及高水平的沟通质量时，其才能为发包方企业提供高水平的服务质量，进而促进外包双方间关系质量的提升。由此提出假设：

H2a　在研发外包中，声誉对关系质量有显著正向影响。

H2b　在研发外包中，技术能力对关系质量有显著正向影响。

H2c　在研发外包中，沟通质量对关系质量有显著正向影响。

3.1.3　研发外包中关系质量的前置因素的理论模型

综上所述，本书认为研发外包中企业与研发供应商之间的关系质量状况会受到关系专用性投资和服务质量两个前置因素的影响，由此得到研发外包中关系质量的前置因素的理论模型（见图3-1）。

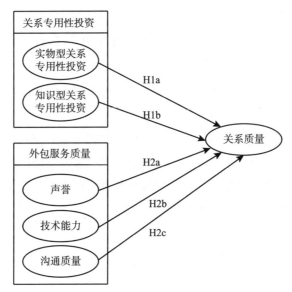

图 3 – 1　研发外包中关系质量的前置因素的理论模型

3.2　调查问卷设计与数据收集

3.2.1　调查问卷设计

本书研究所需的数据主要通过调查问卷的方式进行收集。首先，借鉴国内外相关文献的成熟量表形成各变量的初始测量题项，采用 Likert5 级量表形式来衡量被调查者对所答问题的同意程度，1 ~ 5 的分数区间表示"完全不同意"到"完全同意"状态，或者是从"非常低"到"非常高"的过渡。接着，通过征求 5 位同领域学者和企业界的 3 位中层管理者的意见和建议，对部分测量题项进行了修改。然后，选取分别来自东部、中部和西部地区的 3 个服务外包示范城市（北京、武汉和成都）的 12 家大中型企业的技术负责人或高层管理者进行访谈，并对其中 4 家代表性企业展开深入调研，进一步修改完善了调查问卷，再对内容效度进行检验。

在正式调查之前，在 2017 年 8～9 月对调研区域内 20 家企业的相关人员展开预调查。探索性因子分析结果显示，预调查获得的数据通过了 KMO 检验和 Bartlett 球度检验；提取到的公因子数量与预期的潜变量数量一致，且公因子累计解释方差达到 50% 以上。根据预调查结果再次对量表进行修改与完善，确定了最终使用的问卷。调查内容包括：企业基本信息、研发外包模式、关系质量状况、关系专用性投资状况、服务质量水平、知识共享程度、知识转移程度、动态能力水平以及企业创新绩效水平共 9 个方面（见附录 1）。

3.2.2　数据收集

考虑到小型创业企业在发展初期的外包强度偏低，本书进行正式问卷调查的调查对象设定为成立年限在 3 年以上的大中型企业的技术负责人或高层管理者。并根据调研区域内各省级行政区公布的省级技术中心企业名单，采用随机抽样与判断抽样相结合的方法，抽取具备以下特征的企业：一是企业集中在医药制造业、汽车制造业、电气机械和器材制造业，以及计算机、通信和其他电子设备制造业 4 个行业；二是企业将其全部或部分的研发工作委托给研发供应商完成。2017 年 11 月至 2018 年 4 月，分别通过电子邮件、现场发放和委托发放纸质问卷 3 种方式发放调查问卷。调查样本涉及中国 9 个服务外包示范城市，具体包括：北京、上海、广州、南昌、武汉、长沙、重庆、成都和南宁。在各城市均发放问卷 60 份（每家企业只发放 1 份），共发放问卷 540 份，回收 472 份，样本回收率为 87.41%，剔除失效样本后获得有效样本为 424 份，有效样本率为 78.52%。

表 3-1 报告了样本特征的分布情况。可以看出，样本企业中医药制造业、汽车制造业、电气机械和器材制造业，以及计算机、通信和其他电子设备制造业的占比分别为 27.36%、23.11%、19.34% 和

30.19%。成立年限在 3 ~ 5 年的企业占比为 16.74%，6 ~ 10 年的企业占比为 29.41%，11 ~ 15 年的企业占比为 22.62%，15 年以上的企业占比为 31.22%；国有与集体、民营、三资企业占比分别为 19.46%、57.01% 和 23.53%；近两年平均销售额在 3000 万 ~ 1 亿元的企业占比为 20.81%，1 亿 ~ 3 亿元的企业占比为 26.70%，3 亿 ~ 10 亿元的企业占比为 29.41%，10 亿元以上的企业占比为 23.08%；研发费用占销售额比例在 1% 及以下、1% ~ 5%、5% 以上的企业所占比例分别为 24.89%、53.85% 和 21.27%。

表 3 - 1　　　　　　　　　　样本特征的分布情况

样本特征	特征分布	样本量	比例（%）	样本特征	特征分布	样本量	比例（%）
所属行业	医药制造业	116	27.36	企业人数	300 ~ 500 人	106	23.98
	汽车制造业	98	23.11		500 ~ 1000 人	202	45.70
	电气机械和器材制造业	82	19.34		1000 ~ 2000 人	64	14.48
	计算机、通信和其他电子设备制造业	128	30.19		2000 人以上	70	15.84
成立年限	3 ~ 5 年	74	16.74	近两年平均销售额	3000 万 ~ 1 亿元	92	20.81
	6 ~ 10 年	130	29.41		1 亿 ~ 3 亿元	118	26.70
	11 ~ 15 年	100	22.62		3 亿 ~ 10 亿元	130	29.41
	15 年以上	138	31.22		10 亿元以上	102	23.08
产权性质	国有与集体	86	19.46	研发费用占销售额比例	1% 及以下	110	24.89
	民营	252	57.01		1% ~ 5%	238	53.85
	三资	104	23.53		5% 以上	94	21.27
合计		424	100.00	合计		424	100.00

3.3 变量测度

在研发外包中关系质量的前置因素研究中，实物型关系专用性投资、知识型关系专用性投资、信誉、技术能力和沟通质量均为解释变量。借鉴康等（Kang et al., 2008）[279]、图巴等（Tugba et al., 2013）[280]以及王国才等（2013）[281]的研究成果，分别采用4个题项来测量实物型关系专用性投资和知识型关系专用性投资。基于基姆和英克潘（Kim & Inkpen, 2005）[282]、德尼泽和杨（Denize & Young, 2007）[283]、王昌林和沈鹏熠（2012）[284]、魏想明和操筱薇（2014）[177]的研究，本书采用3个题项来测量研发供应商的声誉，并分别采用4个题项来测量研发供应商的技术能力和沟通质量。各解释变量的测量题项如表3-2和表3-3所示。

表3-2　　　　　　　　　关系专用性投资（RS）变量

变量	测量题项
实物型关系专用性投资（RS1）	RS11：外包双方均投资了大规模的专用性工具和设备以促成合作
	RS12：如果外包合作关系结束，投资方的设备投入将遭受损失
	RS13：外包双方均需要更新设备和系统以满足对方特殊的质量标准
	RS14：外包双方都重新规划了信息系统和物流系统以便于业务联系
知识型关系专用性投资（RS2）	RS21：外包双方均安排了专门人员负责联系和协调业务
	RS22：外包双方均对自身相关人员进行了技术培训
	RS23：外包双方彼此熟悉对方的业务流程
	RS24：如果合作关系终止，投资方为该合作关系进行的人力资本投入将很难用作他途

表 3 - 3　　　　　　　　　　服务质量（SQ）变量

变量	测量题项
声誉 （SQ1）	SQ11：研发供应商享有能够公平、公正地对待合作伙伴的声誉
	SQ12：研发供应商享有能够公平、公正地处理合作中的问题的声誉
	SQ13：研发供应商享有诚实并关心合作伙伴的声誉
技术能力 （SQ2）	SQ21：研发供应商具备很强的人力资源能力
	SQ22：研发供应商具备很强的质量和流程管控能力
	SQ23：研发供应商应用新知识进行产品改进或新产品创造的能力很强
	SQ24：研发供应商具备很强的提供一体化解决方案的能力
沟通质量 （SQ3）	SQ31：外包双方都能够没有顾忌地同对方分享信息
	SQ32：研发供应商能够及时告知贵企业所应知道的信息
	SQ33：研发供应商会告知对贵企业有用的一切信息
	SQ34：外包双方都相信对方所告知的信息是准确可靠的

在研发外包中关系质量的前置因素研究中，关系质量是被解释变量。本书借鉴摩尔和斯皮克曼（1994）[53]、金和李（Kim & Lee，2006）[229]、拉斯塔吉等（Rustagi et al.，2008）[285]的量表，从信任、满意、承诺和相互依赖 4 个维度，共设计了 12 个题项来测量关系质量，较全面地反映了研发外包中企业与研发供应商之间的关系质量水平（见表 3 - 4）。

表 3 - 4　　　　　　　　　　关系质量（RQ）变量

变量	测量题项
信任 （RQ1）	RQ11：外包双方能够实事求是、平等对待地商谈业务
	RQ12：外包双方在任何时候都是忠实的朋友
	RQ13：外包双方在任何情况下做出的决策对双方都有益

续表

变量	测量题项
满意 （RQ2）	RQ21：贵企业通过研发外包获得了预期的利益
	RQ22：贵企业在项目中遇到问题时，研发供应商能够及时解决
	RQ23：研发供应商能够有效率地完成贵企业委托的研发工作
承诺 （RQ3）	RQ31：研发供应商能够信守诺言
	RQ32：外包双方愿意保持长期合作
	RQ33：外包双方会尽力维持良好的外包关系
相互依赖 （RQ4）	RQ41：研发供应商负责贵企业的多项业务
	RQ42：研发供应商支持和管理贵企业的核心业务
	RQ43：如果外包出现问题，贵企业的研发工作很难继续开展

　　在研发外包中关系质量的前置因素研究中，采用变量研发外包模式对实证分析结果进行稳健性检验。借鉴伍蓓等（2009）[34]的做法，从企业战略、技术成熟度以及创新性的角度，将企业的研发外包模式细分成效率型研发外包模式和创新型研发外包模式两类。基于科恩和扬（2007）[50]以及伍蓓等（2009）[34]的研究，本书分别采用4个题项来测量效率型研发外包模式和创新型研发外包模式。并采用 Likert 5 级量表形式来衡量被调查者对各测量题项的同意程度，具体题项如表 3 - 5 所示。再沿用伍蓓等（2009）的做法，通过比较两种研发外包模式的分值高低来判断企业研发外包模式的类型。若效率型研发外包模式的分值更高，则认为企业属于效率型研发外包为主导的模式；反之，则是创新型研发外包为主导的模式[34]。

表 3 –5　　　　　　　　研发外包模式（RM）变量

变量	测量题项
效率型研发 外包模式 （RM1）	RM11：贵企业研发外包业务的技术为成熟技术
	RM12：贵企业研发外包业务的市场为成熟市场
	RM13：贵企业研发外包业务的资源为普通资源
	RM14：贵企业研发外包业务具有较低的创新性
创新型研发 外包模式 （RM2）	RM21：贵企业研发外包业务的技术为新技术
	RM22：贵企业研发外包业务的市场为新市场
	RM23：贵企业研发外包业务的资源为稀缺资源
	RM24：贵企业研发外包业务具有较高的创新性

3.4　样本数据分析

3.4.1　描述性统计分析

表 3 –6 报告了各项测度指标的均值和标准差。可以看出，反映研发外包双方关系专用性投资的 8 项指标的均值都大于 3.6，且反映服务质量的 11 项指标的均值都大于 3.4，表明企业认为其在关系专用性投资与服务质量的整体状况均较好。从标准差结果来看，各项指标的标准差都小于 1，表明本次调查的结果对于中国服务外包示范城市代表性企业的关系专用性投资和服务质量状况的测量具有较好的信度，可以进行后续的分析。此外，反映企业与研发供应商之间关系质量状况的 12 项指标的均值都大于 3.6，信任维度的均值最大，其次是满意维度，再次是相互依赖维度，承诺维度的均值最小。

表 3 - 6　　　　　　　　　　　　各指标的均值和标准差

指标		均值	标准差	指标		均值	标准差
实物型关系专用性投资（RS1）	RS11	3.741	0.651	沟通质量（SQ3）	SQ31	3.425	0.587
	RS12	3.917	0.611		SQ32	3.974	0.573
	RS13	3.835	0.667		SQ33	3.705	0.645
	RS14	3.776	0.793		SQ34	3.804	0.739
知识型关系专用性投资（RS2）	RS21	3.932	0.815	信任（RQ1）	RQ11	3.715	0.725
	RS22	3.837	0.907		RQ12	3.788	0.803
	RS23	3.689	0.675		RQ13	3.754	0.827
	RS24	3.915	0.764	满意（RQ2）	RQ21	3.689	0.835
声誉（SQ1）	SQ11	3.875	0.735		RQ22	3.689	0.761
	SQ12	3.932	0.647		RQ23	3.672	0.861
	SQ13	3.967	0.813	承诺（RQ3）	RQ31	3.601	0.830
技术能力（SQ2）	SQ21	3.910	0.832		RQ32	3.627	0.818
	SQ22	3.884	0.804		RQ33	3.704	0.805
	SQ23	3.917	0.802	相互依赖（RQ4）	RQ41	3.651	0.826
	SQ24	3.861	0.944		RQ42	3.625	0.798
					RQ43	3.723	0.834

3.4.2　信度检验

　　信度是样本数据的可靠性的衡量指标，反映了随机误差对通过问卷调查获得的样本数据的影响程度。为确保样本数据的高质量，应在实证研究之前首先对样本数据做信度检验，即通过测算出样本数据中相应结果的内部一致性情况，并参照相应的检验标准来判断样本数据是否符合内部一致性要求。结构方程模型计算中，需要对测量模型进行验证性因子分析，因而要求所测算的各项指标必须通过内部一致性检验。内部一致性检验方法主要包括克朗巴哈（Cronbach's α）系数、折半信度以及 Ω 系数等。其中，Cronbach's α

系数是最常用的信度检验方法，是指由量表所有可能的项目划分方法获得的折半信度系数均值。各潜在变量整体的 Cronbach's α 系数值大于 0.90 是最佳的；0.80~0.90 之间表示非常好；0.70~0.80 之间表示适中；小于 0.60 则表示无法接受。

本书采用 Cronbach's α 系数检验研发外包中关系质量的前置因素的企业样本数据的信度，结果表明研发外包中关系质量的前置因素的所有样本数据的信度系数值为 0.955。由此得出本书所使用的样本数据的可信度均较高，可以认为样本数据都通过了信度检验。

3.4.3　效度检验

效度是样本数据的有效性的衡量指标，是进行科学测量时必须达到的最重要的条件，能够反映结构变量与其测量指标之间的关系。为确保样本数据能够准确反映变量之间的关系，还应对样本数据做效度检验，即根据样本数据中的结构变量与其测量指标之间的关联性的测算结果，判断测量结果反映其所测量事物的特质的程度。如果测量结果与测量指标的关联程度符合效度要求，说明样本数据是有效的；如果测量结果与测量指标的关联程度不能达到效度要求，则表明样本数据是不准确的。效度主要包括结构效度、准则效度和内容效度等类型。其中，结构效度又称为构想效度，是指测量结果能够体现的某种结构与其测量指标间关系的程度。结构效度关系到依据考察指标数据结构所做的、对评价测度结果的解释的意义及恰当程度，因而被视为测试中最重要的特性。

本书运用因子分析法检验所构建的各项指标的潜在变量的结构效度情况，以考察样本数据能否准确体现被测量事物的特质，从而判定提出的研究假设是否成立。同一构面的指标的因子负载量越大，说明由量表收集得到的样本数据的结构效度越高。在进行因子分析之前，需要判断是否能够运用因子分析法来分析样本数据，学界通常采用两类检验方法：KMO 检验法和 Bartlett 球形检验法。一般来说，潜在变量的 KMO

检验值在 0.90 以上属于最优区间；0.80 附近属于非常好的数值区间；0.70 附近属于适中区间；0.50 以上仍属于可以接受的数值区间；低于 0.50 则属于不合格的数值区间，表明样本数据不适宜进行因子分析。从 Bartlett 球形检验的适用条件来看，所有潜在变量的卡方数值的显著性概率必须不高于显著性水平。接着，采用因子分析法提取公因子，进行因子旋转时可以选用极大方差法，以此计算得出特征值大于 1 的公因子。只有当所有指标的因子负载量都在 0.50 以上，且累计解释方差高于 50% 时，样本数据才能通过结构效度检验。

表 3 - 7 显示了各变量的效度检验结果。样本数据的 KMO 检验结果表明，所有观察变量进行 KMO 检验的值为 0.971。Bartlett 球形检验结果显示，所有潜在变量的卡方数值的显著性概率均为 0.000。由此可以认为本书所使用的样本数据通过了 KMO 检验和 Bartlett 球形检验。再采用极大方差法并根据特征值大于 1 的原则对样本数据提取公因子，得出所有观察变量的因素负荷量均高于 0.50，且累计解释方差均超过 50%，由此可以认为本书所使用的样本数据通过了效度检验。

表 3 - 7　　　　　各变量的信度与效度检验结果（$N = 424$）

变量名称	Cronbach's α 系数	KMO 值	Bartlett 卡方值	测量题项	因子负载	累计方差解释率（%）	显著性水平
关系专用性投资（RS）	0.920	0.890	2452.690	RS11	0.839	85.710	0.000
				RS12	0.762		
				RS13	0.762		
				RS14	0.753		
				RS21	0.646		
				RS22	0.670		
				RS23	0.791		
				RS24	0.819		

变量 名称	Cronbach's α 系数	KMO 值	Bartlett 卡方值	测量 题项	因子 负载	累计方差 解释率 （%）	显著性 水平
服务质量 （SQ）	0.924	0.913	3027.370	SQ11	0.634	83.906	0.000
				SQ12	0.763		
				SQ13	0.717		
				SQ21	0.733		
				SQ22	0.738		
				SQ23	0.844		
				SQ24	0.832		
				SQ31	0.796		
				SQ32	0.838		
				SQ33	0.855		
				SQ34	0.714		
关系质量 （RQ）	0.954	0.960	3346.988	RQ11	0.863	89.923	0.000
				RQ12	0.851		
				RQ13	0.864		
				RQ21	0.778		
				RQ22	0.853		
				RQ23	0.861		
				RQ31	0.716		
				RQ32	0.824		
				RQ33	0.831		
				RQ41	0.727		
				RQ42	0.759		
				RQ43	0.835		

3.5 结构方程模型分析

结构方程模型（SEM）是由瑞典统计学家及心理测量学家约雷斯科和索尔布姆（Joreskog & Sorbom，1989）最早提出的一种综合因子分析法和路径分析法，是根据模型中观测变量、潜在变量与误差变量之间的关系的检验结果，判定自变量对因变量的直接、间接及总体的作用效果的多元数据分析工具[286]。结构方程模型包含测量模型和结构模型两部分，前者体现了潜在变量与观察变量间的关系，而后者体现的是各潜在变量间的关系。

本书主要通过李克特量表进行研究所需要的调查问卷设计，并收集得到相关一手数据。鉴于获取的样本数据的主观性较强，且存在的误差也较大，而各变量之间的因果关系相当复杂，也不能进行直观的度量。在传统的统计分析方法下开展的实证分析并不能很好地实现多重线性回归处理，最终会导致分析效果不理想。考虑到结构方程模型具有理论先验性的优点，能够同时进行多个因变量的测量和分析，并强调协方差和多重统计指标的运用，且对于大样本数据的统计分析同样适用。通过结构方程模型分析法可以对个别测量题项的误差进行检验并将其剔除，进而获得更高的精度；也可以根据前人的研究成果对个别测量题项同时分属的共同因素情况做预先设定，或是设定某些共同因素间相关性的大小和方向；更能够通过检验得出构建的假设模型的适配度情况。因此，本书采用结构方程模型分析方法，实证检验研发外包中关系质量对企业创新绩效的作用效应。

结构方程建模的基本步骤如下：第一，根据已有的相关文献和经验法则，建立初始的研究假设与理论模型；第二，将收集得到的样本数据导入理论模型，得出模型初步拟合结果，以此判断初始研究假设和理论模型是否合理，并对估计结果进行评价分析；第三，根据评价结果对初始研究假设和理论模型进行修正并再次检验，最终得到更理想的模型。

3.5.1　初始模型构建

根据能否直接测量的划分标准，可将结构方程模型中的变量细分为两类：潜在变量和观察变量。其中，潜在变量是指无法直接测量的变量，但可以采用间接的方式即通过观察变量进行推测，标记为椭圆框形式；观察变量是指能够直接测量的变量，得到的数据就是样本的指标值，标记为方框形式。在理论模型中，关系专用性投资、服务质量和关系质量等 3 个变量都不能直接测量，因此均属于潜在变量。同时，潜在变量还包含了各个残差项。此外，根据因果关系可将变量划分为内衍变量、外衍变量和中介变量。其中，内衍变量是指作为"果"的变量；外衍变量是指作为"因"的变量；中介变量是指既可视其为"因"又可以当作"果"的变量。潜在变量和观察变量都分别包含了内衍变量和外衍变量。

在结构方程模型中，潜在变量包括关系专用性投资、外包服务质量以及各个残差项，且观测变量与潜在变量也分别包含了内衍变量和外衍变量。结构方程模型包含测量模型和结构模型。测量模型的一般形式如下：

$$X = \Lambda_x \xi + \delta$$
$$Y = \Lambda_Y \eta + \varepsilon \tag{3.1}$$

其中，X、Y 分别为外衍观察变量、内衍观察变量；ξ、η 分别表示外衍潜在变量、内衍潜在变量；Λ_X、Λ_Y 分别表示观察变量 X 和 Y 的因素负荷量；δ、ε 分别为观察变量 X 和 Y 的误差项。ε 与 ξ、η 及 δ 无关，而 δ 与 ξ、η 和 ε 也无关。

图 3 - 2 是本书构建的研发外包中关系质量的前置因素的初始结构方程模型，由 5 个内衍潜在变量、7 个外衍潜在变量、12 个内衍观察变量以及 19 个外衍观察变量构成。其中，外衍潜在变量包括关系专用性投资（RS）、实物型关系专用性投资（RS1）、知识型关系专用性投资（RS2）、服务质量（SQ）、声誉（SQ1）、技术能力（SQ2）和沟通质量

（SQ3），分别记为 ξ_{RS}、ξ_{RS1}、ξ_{RS2}、ξ_{SQ}、ξ_{SQ1}、ξ_{SQ2} 和 ξ_{SQ3}；内衍潜在变量包括关系质量（RQ）、信任（RQ1）、满意（RQ2）、承诺（RQ3）和相互依赖（RQ4），分为记为 η_{RQ}、η_{RQ1}、η_{RQ2}、η_{RQ3} 和 η_{RQ4}；外衍观察变量包含 RS11、RS12、RS13、RS14、RS21、RS22、RS23、RS24、SQ11、SQ12、SQ13、SQ21、SQ22、SQ23、SQ24、SQ31、SQ32、SQ33 和 SQ34；内衍观察变量包含 RQ11、RQ12、RQ13、RQ21、RQ22、RQ23、RQ31、RQ32、RQ33、RQ41、RQ42 和 RQ43。构建的测量模型如下：

$$
\left\{
\begin{aligned}
&X_{RS11} = \lambda_{RS11}\xi_{RS1} + \delta_{RS11}, \; X_{RS12} = \lambda_{RS12}\xi_{RS1} + \delta_{RS12}, \; X_{RS13} = \lambda_{RS13}\xi_{RS1} + \delta_{RS13} \\
&X_{RS14} = \lambda_{RS14}\xi_{RS1} + \delta_{RS14} \\
&X_{RS21} = \lambda_{RS21}\xi_{RS2} + \delta_{RS21}, \; X_{RS22} = \lambda_{RS22}\xi_{RS2} + \delta_{RS22}, \; X_{RS23} = \lambda_{RS23}\xi_{RS2} + \delta_{RS23} \\
&X_{RS24} = \lambda_{RS24}\xi_{RS2} + \delta_{RS24} \\
&X_{RS1} = \lambda_{RS1}\xi_{RS} + \delta_{RS1}, \; X_{RS2} = \lambda_{RS2}\xi_{RS} + \delta_{RS2} \\
&X_{SQ11} = \lambda_{SQ11}\xi_{SQ1} + \delta_{SQ11}, \; X_{SQ12} = \lambda_{SQ12}\xi_{SQ1} + \delta_{SQ12}, \; X_{SQ13} = \lambda_{SQ13}\xi_{SQ1} + \delta_{SQ13} \\
&X_{SQ21} = \lambda_{SQ21}\xi_{SQ2} + \delta_{SQ21}, \; X_{SQ22} = \lambda_{SQ22}\xi_{SQ2} + \delta_{SQ22}, \; X_{SQ23} = \lambda_{SQ23}\xi_{SQ2} + \delta_{SQ23} \\
&X_{SQ24} = \lambda_{SQ24}\xi_{SQ2} + \delta_{SQ24} \\
&X_{SQ31} = \lambda_{SQ31}\xi_{SQ3} + \delta_{SQ31}, \; X_{SQ32} = \lambda_{SQ32}\xi_{SQ3} + \delta_{SQ32}, \; X_{SQ33} = \lambda_{SQ33}\xi_{SQ3} + \delta_{SQ33} \\
&X_{SQ34} = \lambda_{SQ34}\xi_{SQ3} + \delta_{SQ34} \\
&X_{SQ1} = \lambda_{SQ1}\xi_{SQ} + \delta_{SQ1}, \; X_{SQ2} = \lambda_{SQ2}\xi_{SQ} + \delta_{SQ2}, \; X_{SQ3} = \lambda_{SQ3}\xi_{SQ} + \delta_{SQ3} \\
&Y_{RQ11} = \lambda_{RQ11}\eta_{RQ1} + \varepsilon_{RQ11}, \; Y_{RQ12} = \lambda_{RQ12}\eta_{RQ1} + \varepsilon_{RQ12}, \; Y_{RQ13} = \lambda_{RQ13}\eta_{RQ1} + \varepsilon_{RQ13} \\
&Y_{RQ21} = \lambda_{RQ21}\eta_{RQ2} + \varepsilon_{RQ21}, \; Y_{RQ22} = \lambda_{RQ22}\eta_{RQ2} + \varepsilon_{RQ22}, \; Y_{RQ23} = \lambda_{RQ23}\eta_{RQ2} + \varepsilon_{RQ23} \\
&Y_{RQ31} = \lambda_{RQ31}\eta_{RQ3} + \varepsilon_{RQ31}, \; Y_{RQ32} = \lambda_{RQ32}\eta_{RQ3} + \varepsilon_{RQ32}, \; Y_{RQ33} = \lambda_{RQ33}\eta_{RQ3} + \varepsilon_{RQ33} \\
&Y_{RQ41} = \lambda_{RQ41}\eta_{RQ4} + \varepsilon_{RQ41}, \; Y_{RQ42} = \lambda_{RQ42}\eta_{RQ4} + \varepsilon_{RQ42}, \; Y_{RQ43} = \lambda_{RQ43}\eta_{RQ4} + \varepsilon_{RQ43} \\
&Y_{RQ1} = \lambda_{RQ1}\eta_{RQ} + \varepsilon_{RQ1}, \; Y_{RQ2} = \lambda_{RQ2}\eta_{RQ} + \varepsilon_{RQ2}, \; Y_{RQ3} = \lambda_{RQ3}\eta_{RQ} + \varepsilon_{RQ3}, \\
&Y_{RQ4} = \lambda_{RQ4}\eta_{RQ} + \varepsilon_{RQ4}
\end{aligned}
\right.
$$

$$(3.2)$$

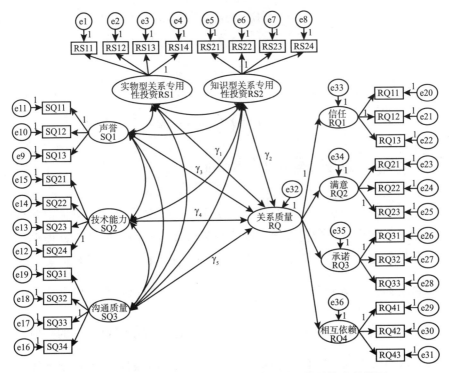

图 3 - 2 研发外包中关系质量的前置因素的初始结构方程模型

结构模型描述的是各潜在变量之间的因果关系，其一般形式为：

$$\eta = \beta\eta + \Gamma\xi + \zeta \qquad (3.3)$$

其中，ξ 和 η 分别表示外衍潜在变量、内衍潜在变量；Γ 为外衍潜在变量影响内衍潜在变量的路径系数，β 表示内衍潜在变量间的影响路径系数，ζ 为残差项。

本书构建的结构模型图是多个外衍潜在变量对一个内衍潜在变量的预测，实物型关系专用性投资、知识型关系专用性投资、声誉、技术能力和沟通质量对关系质量的作用分别记为 γ_1、γ_2、γ_3、γ_4 和 γ_5。构建的结构模型如下：

$$\begin{cases} \eta_{RQ} = \gamma_1 \xi_{RS1} + \zeta_{RQ} \\ \eta_{RQ} = \gamma_2 \xi_{RS2} + \zeta_{RQ} \\ \eta_{RQ} = \gamma_3 \xi_{SQ1} + \zeta_{RQ} \\ \eta_{RQ} = \gamma_4 \xi_{SQ2} + \zeta_{RQ} \\ \eta_{RQ} = \gamma_5 \xi_{SQ3} + \zeta_{RQ} \end{cases} \tag{3.4}$$

3.5.2 初始模型的拟合与修正

本书首先构建起初始的结构方程模型，接着需要验证拟合指标指数值是否在可接受的范围内，以此判断前文构建的初始结构方程模型的适配程度以及是否需要进一步修正。一般需要考察以下 8 种重要的拟合指标：一是卡方自由度比值指标 $\left(\dfrac{\chi^2}{df}\right)$。该数值越小，代表构建的初始模型的协方差矩阵和观测数据之间的适配程度越高。$\dfrac{\chi^2}{df}$ 的数值一般要求小于 3.0，当其数值小于 2.0 时，表明构建的模型的适配度较佳（Bohrnstedt & Borgatta，1981）[287]。二是调整后适配度指标（AGFI）。其数值在 0 ~ 1 之间，当其数值大于 0.80 时，说明模型的适配度较好（Hu & Bentler，1999）[288]。GFI 的数值越大，AGFI 的数值也会越大，表示模型的适配程度越高。三是增值适配指标（IFI），也被称为 Δ2 指标。其数值要求大于 0.90，当其数值越接近 1.0 时，表明模型的适配度越好。四是比较适配指标（CFI）。其数值要求大于 0.90，当其数值越接近 1.0 时，说明模型的适配度越好。五是非规范适配指标（TLI）。其数值也要求在 0.90 以上，且该数值与 1.0 越接近，表示模型的适配度越好。六是经过简约调整得到的规准适配指标（PNFI）。其数值越高，说明适配度越好。PNFI 的数值高于 0.50，说明构建的模型可以被接受。七是残差均方与平方根值（RMR）。其数值要求小于 0.05，数值越小，表明适配度越好。八是渐进残差均方和平方根（RMSEA）。当其数值在 0.08 以下时，说明构建的模型具有合理的适配度。而当其数值小于

0.05 时，说明构建的模型适配良好。表 3 - 8 给出了本书构建的研发外包中关系质量前置因素的初始模型的适配度检验结果。

表 3 - 8　　　　　　研发外包中关系质量的前置因素的初始结构

方程模型的适配度检验结果

拟合指标	$\dfrac{\chi^2}{df}$	AGFI	IFI	CFI	TLI	PNFI	RMR	RMSEA
显示值	2.419	0.858	0.905	0.905	0.928	0.773	0.038	0.076
参考值	<3.00	>0.80	>0.90	>0.90	>0.90	>0.50	<0.05	<0.08

根据上文建立的初始模型在 AMOS20.0 统计分析软件中计算得出的 MI 修正指数结果增加了部分误差项之间的路径，得到研发外包中关系质量前置因素的修正模型，如图 3 - 3 所示。通过将研发外包中关系质

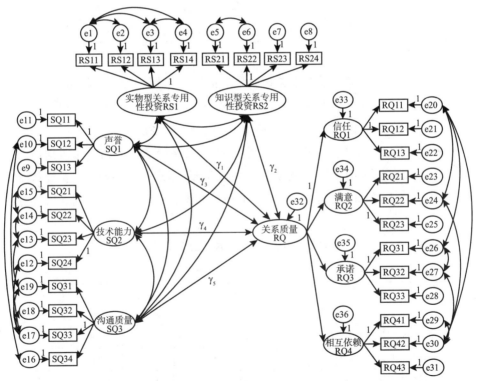

图 3 - 3　研发外包中关系质量的前置因素的修正模型

量的前置因素的修正模型输入 AMOS20. 0 软件中，得到研发外包中关系质量的前置因素的修正模型的适配度检验结果（见表 3 - 9）。其中，$\dfrac{\chi^2}{df}$ 值为 2. 116，小于 3. 0；AGFI 值为 0. 862，大于 0. 80；IFI 值、CFI 值和 TLI 值分别为：0. 965、0. 965、0. 958，均大于 0. 90 且接近 1. 0；PNFI 值为 0. 789，大于 0. 50；RMR 值为 0. 023，小于 0. 05；RMSEA 值为 0. 051，小于 0. 08。可见，与初始结构方程模型相比，修正后的结构方程模型的 8 项拟合指标值均得到改进，且都在可接受范围内。

表 3 - 9　　　研发外包中关系质量的前置因素的修正模型的适配度检验结果

拟合指标	$\dfrac{\chi^2}{df}$	AGFI	IFI	CFI	TLI	PNFI	RMR	RMSEA
显示值	2. 116	0. 862	0. 965	0. 965	0. 958	0. 789	0. 023	0. 051
参考值	<3. 00	>0. 80	>0. 90	>0. 90	>0. 90	>0. 50	<0. 05	<0. 08

　　表 3 - 10 是研发外包中关系质量的前置因素模型的修正拟合结果。可以看出，变量之间的 5 条路径"实物型关系专用性投资→关系质量""知识型关系专用性投资→关系质量""声誉→关系质量""技术能力→关系质量"以及"沟通质量→关系质量"的路径系数的临界比值均高于 1. 96，且都在 0. 001 的显著性水平上达到了显著性检验要求。由此认为经过修正得到的结构方程模型具有较好的拟合优度，模型得到确认。

表 3 - 10　　　　　研发外包中关系质量的前置因素模型的
修正拟合结果（N = 424）

路径	标准化估计值	估计值	标准差（S. E.）	临界比（C. R.）	显著性（P）
关系质量←实物型关系专用性投资	0. 622	0. 839	0. 133	6. 797	***
关系质量←知识型关系专用性投资	0. 773	0. 961	0. 161	7. 502	***
关系质量←声誉	0. 532	0. 741	0. 175	5. 231	***

路径	标准化估计值	估计值	标准差（S. E.）	临界比（C. R.）	显著性（P）
关系质量←技术能力	0.783	0.969	0.137	7.506	***
关系质量←沟通质量	0.710	0.943	0.140	7.188	***

注：*** 表示 $p < 0.001$。

如表 3 - 10 所示，关系专用性投资构成维度中的实物型关系专用性投资与关系质量之间路径系数的标准化估计值和非标准化估计值分别为 0.622、0.839，临界比值为 6.796，大于 1.96，且在 0.001 水平下通过显著性检验，说明关系专用性投资中的实物型关系专用性投资与研发外包双方间关系质量密切相关，研发外包双方的实物型关系专用性投资水平越高，越促进双方间关系质量提高。研究假设 H1a 得到验证。

关系专用性投资构成维度中的知识型关系专用性投资与关系质量之间路径系数的标准化估计值和非标准化估计值分别为 0.773、0.961，临界比值为 7.502，大于 1.96，且在 0.001 水平下通过显著性检验，说明关系专用性投资中的知识型关系专用性投资与研发外包双方间关系质量密切相关，研发外包双方的知识型关系专用性投资水平越高，双方间关系质量水平越高。研究假设 H1b 得到验证。

服务质量构成维度中的声誉与关系质量之间路径系数的标准化估计值和非标准化估计值分别为 0.532、0.741，临界比值为 5.231，大于 1.96，且在 0.001 水平下通过显著性检验，说明外包服务质量构成维度中的声誉与研发外包双方间关系质量密切相关，研发供应商的声誉水平越高，研发外包双方间关系质量水平越高。研究假设 H2a 得到验证。

服务质量构成维度中的技术能力与关系质量之间路径系数的标准化估计值和非标准化估计值分别为 0.783、0.969，大于 1.96，且在 0.001 水平下通过显著性检验，说明外包服务质量构成维度中的技术能力与研发外包双方间关系质量密切相关，研发供应商的技术能力水平越高，研发外包双方间关系质量水平越高。研究假设 H2b 得到验证。

服务质量构成维度中的沟通质量与关系质量之间路径系数的标准化估计值和非标准化估计值分别为 0.710、0.943，临界比值为 7.188，大于 1.96，且在 0.001 水平下通过显著性检验，说明外包服务质量构成维度中的沟通质量与研发外包双方间关系质量密切相关，研发供应商的沟通质量水平越高，研发外包双方间关系质量水平越高。研究假设 H2c 得到验证。

通过比较两种不同类型的关系专用性投资与关系质量间路径系数结果发现，关系专用性投资构成维度中知识型关系专用性投资对研发外包双方间关系质量的影响要明显大于实物型关系专用性投资的影响。根据服务质量的不同维度与关系质量之间的路径系数结果可得，服务质量构成维度中研发供应商的技术能力对研发外包双方间关系质量的影响最大，其次是沟通质量，声誉的影响相对较小。

3.5.3　模型参数值估计结果分析

本书根据研发外包中关系质量的前置因素的修正模型图（见图 3 - 3），运用 AMOS20.0 统计分析软件对通过问卷调查获得的 424 个有效样本数据进行计算，进而得到研发外包中关系质量的前置因素的标准化参数值估计模型图，如图 3 - 4 所示。进一步得出研发外包中关系质量的前置因素的测量模型中潜在变量与观测变量之间的标准化路径估计结果，如表 3 - 11 所示。结果表明各标准化路径系数位于 0.669 ~ 0.960，且 P 值均小于 0.001，可以认为测量模型中的所有观测变量都能够较好地解释潜在变量。以下分别从关系专用性投资、外包服务质量和关系质量三个方面进行分析。

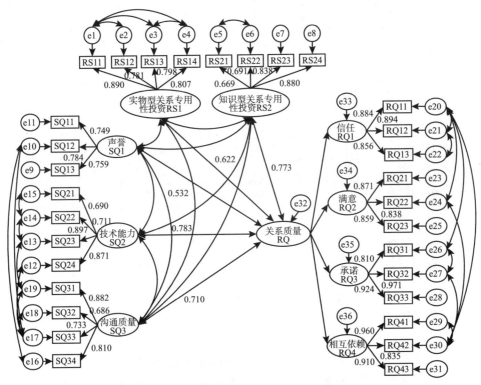

图 3 – 4　研发外包中关系质量的前置因素的标准化参数值估计模型

表 3 – 11　　　研发外包中关系质量前置因素的测量模型的
标准化路径估计结果

测量模型路径	标准化路径系数	测量模型路径	标准化路径系数
RS11←实物型关系专用性投资	0.890 ***	SQ31←沟通质量	0.882 ***
RS12←实物型关系专用性投资	0.781 ***	SQ32←沟通质量	0.686 ***
RS13←实物型关系专用性投资	0.798 ***	SQ33←沟通质量	0.733 ***
RS14←实物型关系专用性投资	0.807 ***	SQ34←沟通质量	0.810 ***
RS21←知识型关系专用性投资	0.669 ***	RQ11←信任	0.884 ***
RS22←知识型关系专用性投资	0.691 ***	RQ12←信任	0.894 ***

测量模型路径	标准化路径系数	测量模型路径	标准化路径系数
RS23←知识型关系专用性投资	0.838 ***	RQ13←信任	0.856 ***
RS24←知识型关系专用性投资	0.880 ***	RQ21←满意	0.871 ***
SQ11←声誉	0.749 ***	RQ22←满意	0.838 ***
SQ12←声誉	0.784 ***	RQ23←满意	0.859 ***
SQ13←声誉	0.759 ***	RQ31←承诺	0.810 ***
SQ21←技术能力	0.690 ***	RQ32←承诺	0.971 ***
SQ22←技术能力	0.711 ***	RQ33←承诺	0.924 ***
SQ23←技术能力	0.897 ***	RQ41←相互依赖	0.960 ***
SQ24←技术能力	0.871 ***	RQ42←相互依赖	0.835 ***
		RQ43←相互依赖	0.910 ***

注：*** 表示 $p < 0.001$。

在关系专用性投资方面，8 项具体测量指标均通过了显著性检验，且标准化路径系数值都较高，最大值和最小值分别为 0.890、0.669。但各项指标对关系专用性投资的影响程度存在明显差异。其中，实物型关系专用性投资与指标 RS11、RS12、RS13 和 RS14 之间的标准化路径系数分别为 0.890、0.781、0.798、0.807，这说明研发外包双方进行大规模的专用性工具和设备投入对双方实物型关系专用性投资的影响最大，其次是外包双方重新规划信息系统和物流系统的程度，再次是外包双方更新设备和系统以满足对方特殊的质量标准的程度，外包合作关系结束后投资方的设备投资将遭受的损失程度对双方实物型关系专用性投资的影响最小。知识型关系专用性投资与指标 RS21、RS22、RS23 和 RS24 之间的标准化路径系数分别为 0.669、0.691、0.838、0.880，这表明研发双方知识型关系专用性投资受到合作关系终止后双方将这些知识和经验应用于其他合作伙伴的难度的影响最显著，其次是外包双方对彼此业务的熟悉程度，再次是外包双方对自身相关人员进行技术培训的程度，外包双方安排专门人员负责联系和协调业务的程度对知识型关系专用性投资的影响相对不明显。

在服务质量方面，11 项具体测量指标均通过了显著性检验，且标准化路径系数值都较高，最大值和最小值分别为 0.897、0.686。但各项指标对服务质量的影响程度存在明显差异。其中，声誉与指标 SQ11、SQ12 和 SQ13 之间的标准化路径系数分别为 0.749、0.784、0.759。这说明研发供应商公平、公正地处理合作中的问题的程度对其声誉的影响最大，其次是研发供应商诚实并关心合作伙伴的程度，研发供应商公平、公正地对待合作伙伴的程度对其声誉的影响最小。技术能力与指标 SQ21、SQ22、SQ23 和 SQ24 之间的标准化路径系数分别为 0.690、0.711、0.897、0.871，表明研发供应商应用新知识进行产品改进或新产品创造的能力对其技术能力的影响最显著，其次是提供一体化解决方案的能力，再次是质量和流程管控能力，人力资源能力的影响最小。沟通质量与指标 SQ31、SQ32、SQ33 和 SQ34 之间的标准化路径系数分别为 0.882、0.686、0.733、0.810，表明沟通质量最容易受到研发外包双方能够没有顾忌地同对方分享信息的程度的影响，其次是外包双方相信对方所告知的信息准确可靠的程度，再次是研发供应商告知对贵企业有用的一切信息的程度，研发供应商能够及时告知贵企业所应知道的信息的程度对沟通质量的影响最不明显。

在关系质量方面，12 项具体测量指标均通过了显著性检验，且标准化路径系数值都相当高，最大值和最小值分别为 0.971、0.810。但各项指标对关系质量的影响程度存在明显差异。其中，信任与指标 RQ11、RQ12 和 RQ13 之间的标准化路径系数分别为 0.884、0.894、0.856。这说明研发外包双方在任何时候都是忠实的朋友的程度对双方间信任的影响最大，其次是外包双方能够实事求是、平等对待地商谈业务的程度，外包双方在任何情况下做出的决策对双方都有益的程度对双方间信任的影响最小。满意与指标 RQ21、RQ22 和 RQ23 之间的标准化路径系数分别为 0.871、0.838、0.859，表明企业通过研发外包获得预期的利益的程度对其满意度的影响最显著，其次是研发供应商能够有效率的完成企业委托的研发工作的程度，再次是研发供应商及时解决企业在项目中遇到的问题的程度。承诺与指标 RQ31、RQ32 和 RQ33 之间的标准化路径系数分别为 0.810、0.971、0.924，表明外包双方愿意保持长期合作的程度对承诺的影响最明显，其次是外包双方尽力维持良好的外包关系的程度，研发供应商能够信守诺言的程度对承诺的影响相对较小。相互依赖与指标 RQ41、RQ42 和 RQ43 之间的标准化路径系数分别为 0.960、0.835、0.910，表明研发外包双方间的相互依赖性最容易受到研发供应商负责企业业务数量的影响，研发供应商支持和管理该企业的核心业务对双方间相互依赖性的影响相对不明显。企业的研发工作在外包出现问题时继续开展的难度也在很大程度上影响双方间相互依赖性。

3.5.4 稳健性检验

为确保前文估计结果的有效性，本书将 424 份有效样本划分为效率型研发外包模式和创新型研发外包模式两类进行稳健性检验，由此得到关系专用性投资与服务质量对关系质量驱动作用的多群组结构方程模型的路径估计结果，如表 3 - 12 所示。结果显示，在两种研发外包模式下，各标准化路径系数位于 0.522 ~ 0.875 的区间范围内，且均在 0.001 水平上通过了显著性检验，可以认为前文的主要研究结论的稳健性较好。

表 3 - 12　　　　　　研发外包中关系质量前置因素的多群组
结构方程模型的路径估计结果

研发外包模式	结构方程模型路径	标准化路径系数
效率型研发外包模式 （$N = 235$）	关系质量←实物型关系专用性投资	0.603 ***
	关系质量←知识型关系专用性投资	0.749 ***
	关系质量←声誉	0.552 ***
	关系质量←技术能力	0.764 ***
	关系质量←沟通质量	0.705 ***

研发外包模式	结构方程模型路径	标准化路径系数
创新型研发外包模式 （$N = 189$）	关系质量←实物型关系专用性投资	0. 672 ***
	关系质量←知识型关系专用性投资	0. 796 ***
	关系质量←声誉	0. 522 ***
	关系质量←技术能力	0. 875 ***
	关系质量←沟通质量	0. 737 ***

注：*** 表示 $p < 0.001$。

3.6　假设检验与结果讨论

3.6.1　路径假设检验

表 3 - 13 反映了研发外包中关系质量的前置因素的结构方程模型的路径系数和假设检验情况。其结果显示，实物型关系专用性投资到外包双方间关系质量的路径系数是 $\gamma_1 = 0.622$，且 p 值小于 0. 001，表明实物型关系专用性投资对研发外包双方间关系质量具有显著的正向影响，假设 H1a 得到支持。知识型关系专用性投资到关系质量的路径系数是 $\gamma_2 = 0.773$，且 p 值小于 0. 001，表明知识型关系专用性投资对研发外包双方间关系质量具有显著的正向影响，假设 H1b 得到支持。声誉到关系质量的路径系数是 $\gamma_3 = 0.532$，且 p 值小于 0. 001，表明研发供应商声誉对外包双方间关系质量具有显著的正向影响，假设 H2a 得到支持。技术能力到关系质量的路径系数是 $\gamma_4 = 0.783$，且 p 值小于 0. 001，表明研发供应商技术能力对外包双方间关系质量具有显著的正向影响，假设 H2b 得到支持。沟通质量到关系质量的路径系数是 $\gamma_5 = 0.710$，且 p 值小于 0. 001，表明沟通质量对研发外包双方间关系质量具有显著的正向影响，假设 H2c 得到支持。

表 3-13　　　　　研发外包中关系质量的前置因素模型的
路径系数与假设检验

路径	变量间关系	路径系数	对应假设	检验结果
γ_1	实物型关系专用性投资→关系质量	0.622 ***	假设 H1a	支持
γ_2	知识型关系专用性投资→关系质量	0.773 ***	假设 H1b	支持
γ_3	声誉→关系质量	0.532 ***	假设 H2a	支持
γ_4	技术能力→关系质量	0.783 ***	假设 H2b	支持
γ_5	沟通质量→关系质量	0.710 ***	假设 H2c	支持

注：*** 表示 $p < 0.001$。

3.6.2　研究结果讨论

通过研究发现，企业与研发供应商关系专用性投资中实物型关系专用性投资和知识型关系专用性投资均对双方间关系质量具有显著的正向影响，路径系数分别为 0.622、0.773，表明实物型关系专用性投资和知识型关系专用性投资力度的加大均能够促进研发外包双方间关系质量水平的提高，且知识型关系专用性投资对研发外包双方间关系质量的影响更明显。通过研究还发现，服务质量中声誉、技术能力和沟通质量均对研发外包双方间关系质量产生显著的正向影响，路径系数分别为 0.532、0.783、0.710，说明研发供应商具有高声誉和技术能力水平，以及良好的沟通质量，有助于提升研发外包双方间关系质量水平。并且，研发供应商的技术能力对外包双方间关系质量的影响最显著，其次是沟通质量，声誉对研发外包双方间关系质量的影响相对不明显。因此，在研发外包情境下，关系专用性投资和服务质量都可以被视为企业与研发供应商间关系质量的前置因素。

综上所述，研发外包中实物型关系专用性投资、知识型关系专用性投资、声誉、技术能力和沟通质量均能够对企业与研发供应商间关系质量起到直接正向影响，且作用效果非常显著。本书将关系专用性投资分为实物型和知识型关系专用性投资两类，并将服务质量划分为声誉、技术能力和沟通质量 3 个层面，按照关系质量的信任、满意、承诺和相互依赖 4 个维度，构建了研发外包中关系质量的前置因素的结构方程模型，基于实证分析得到的研究结果对于研发外包情境下企业与研发供应商间关系质量水平的提升具有重要的理论意义与实践价值。

3.7　本 章 小 结

本章主要对研发外包中关系质量的前置因素进行理论模型构建与实证分析。首先建立研发外包中关系质量的前置因素的理论模型，接着运用 SPSS20.0 统计分析软件，对在中国 9 个服务外包示范城市获得的 424 个有效样本数据进行了描述性统计、信度及效度检验等初步分析。再构建研发外包中关系质量的前置因素的测量模型和结构模型，采用 AMOS20.0 统计分析软件对研发外包中关系质量的前置因素的初始结构方程模型进行了估计和检验，得到研发外包中关系质量的前置因素模型的修正拟合结果，以及研发外包中关系质量的前置因素的测量模型的标准化路径估计结果，分析各变量对关系质量的作用效应，讨论假设检验结果。

第 4 章

研发外包中关系质量对企业
创新绩效的作用机制研究

4.1 研究假设与理论模型

本章基于关系质量理论和动态能力理论，构建研发外包中关系质量对企业创新绩效作用机制的理论模型，并设计了实证研究方案。在理论模型构建方面，首先分析关系质量对知识共享、知识转移、企业创新绩效的作用，其次探讨知识共享、知识转移和动态能力 3 个中间变量在关系质量对企业创新绩效的作用机制中的影响作用。

4.1.1 关系质量的作用

高水平的关系质量可以减少合作双方间的正式合同，使得双方对详细规范的需求降低，合作伙伴对知识的保护和监督也将弱化（Subramony，2014）[289]，合作双方将会更积极地进行沟通和信息交流（Jian & Wang，2013）[93]，进而提高企业间信息和资源交换效率（Chang et al.，2012）[290]。合作双方在互动过程中实现互惠，也将推进双方间的信息分享行为（Cheng，2011[291]；宋喜凤等，2013[11]）。企业间信任关系的建立有助于实现双方隐性知识共享（Cavusgil et al.，2003）[292]。组织关系和外包关系的持续时间、双方员工的知识互补程度等因素均会影响组织间知识共享（Blumenberg，2009[293]；Bandyopadhyay & Pathak，2007[294]）。格罗弗等（1996）通过研究信任、沟通、满意及合作影响伙伴关系，发现伙伴关系显著作用于知识共享[56]。侯等（Hou et al.，2014）的研究表明相互信任和遵守承诺是组织间知识共享的基础[295]。国内学者林舒进等（2018）的研究发现组织关系质量和人际关系质量对企业间信息分享均具有显著的正向影响[66]。陈伟和潘成蓉（2015）的研究表明信任显著正向影响显性知识和隐性知识共享[296]。谢庆华和黄培清（2008）的研究证实了信任和声誉机制能够对研发外包的创新风险起到防范作用[114]。杨东和李垣（2010）认为企业可以通过契约的形式来激励研发供应商进行知识共享并投入核心技术[297]。宋喜凤等（2013）基于接包方视角的实证研究发现，关系质量显著正向影响知识共享，且在关系质量的各维度中，信任、有效沟通及相互依赖对知识共享的影响更显著[11]。刘戍峰和艾时钟（2015）的研究得出建立信任的合作关系和奖惩机制能够有效促进外包双方间知识共享[298]。本书认为在研发外包情境下，企业与研发供应商之间的关系质量水平越高，企业间的知识共享程度也越高。由此提出假设：

H1　研发外包中关系质量对知识共享有显著的正向作用。

司快尔等（Squire et al.，2009）的研究发现买方与供应商之间的关系程度显著正向影响企业间知识转移[299]。金和李（2006）的研究表明良好的关系质量有利于外包双方知识的顺利转移[229]。汉森（Hansen，1999）认为信任能够促进知识和信息的自由交换，并提高组织中成员间知识转移的意愿[300]。达纳拉吉等（Dhanaraj et al.，2004）的研究表明信任对合作伙伴间的显性与隐性的知识转移均具有积极影响[301]。李等（2008）的研究表明信任不但能促进外包双方的合作，还能激发双方的知识转移动机[10]。摩根和亨特（1999）的研究认为承诺有助于双方之间的合作，进而促进伙伴间知识转移[91]。摩尔和斯皮克曼（1994）通过研究发现，相互承诺对联盟伙伴间知识转移绩效具有正向影响，伙伴间的信任程度影响承诺合作行为，任务绩效和相互满意度均受到承诺合作行为的影响[53]。张首魁和党兴华（2009）的研究指出良好的关系质量正向影响合作创新企业间知识转移[302]。杨蕙馨和陈庆江（2012）的研究认为，相比显性知识转移，外包关系质量对隐性知识转移的影响更显著[303]。刘伟和邸支艳（2016）的研究证实了提升关系质量有助于外包双方间隐性知识转移[304]。陈通和吴勇（2012）的研究验证了信任能够有效提升研发外包双方间的知识转移水平，并能增加双方的共同收益[305]。艾时钟等（2011）的研究得出，沟通、信任和相互承诺均显著正向影响 IT 外包知识转移[50]。本书认为在研发外包情境下，企业与研发供应商之间的关系质量水平越高，研发供应商向企业转移知识的程度也越高。由此提出假设：

H2　研发外包中关系质量对知识转移有显著的正向作用。

史密斯（Smith，1998）的研究结果表明，高质量的关系能够加深外包双方的信任度和联结的紧密程度，并促进双方竞争优势大幅度的提升[306]。相关研究已经证实企业与供应商之间的关系质量对合作创新绩效具有积极影响（王辉等，2012）[106]，外部创新源、联盟及业务转型外包等情境下的关系质量都能够显著促进企业创新绩效提升（陈志军、缪沁男，2014[108]；谢永平、王晶，2017[104]；徐建中、吕希琛，2014[16]）。伍蓓和陈劲（2011）通过研究发现，研发外包双方之间建立相互信任和依赖的合作关系，并通过沟通、承诺以及认知感的加强，进一步提升企业内外部协调能力，从而促进企业创新绩效提高[36]。本书认为在研发外包情境下，企业与研发供应商之间的关系质量水平越高，企业的创新绩效也越高。由此提出假设：

H3　研发外包中关系质量对企业创新绩效有显著的直接正向作用。

4.1.2　知识共享的作用

知识共享是知识管理的核心，也是企业形成核心能力的重要来源和建立知识优势的关键因素（Grant，1996）[221]。企业与研发供应商之间的知识共享，可以使研发供应商尽量避免重复性工作，并有助于降低企业研发成本。知识共享是知识转移的基础，外包双方通过建立开放的知识系统来加强交流与反馈，加速实现知识共享，进而有效规避了组织间的知识转移风险，从而显著地提升知识转移效果（周茜，2014）[307]。由于单一类型的知识共享难以确保组织整体知识转化体系的完整性，因而只有当组织间的显性知识共享与隐性知识共享达到一定平衡时，知识转移才能够发生（姜鑫，2012）[308]。也有学者提出通过在外包双方之间建立有效的知识转移机制，促进显性知识和隐性知识转移，进而使知识能够在组织内外部充分流动，从而提升企业绩效（田野、杜荣，2011）[309]。企业间建立的信任和沟通平台能够为知识共享与知识转移提供良好的基础条件，在信任机制下知识共享可以更显著地直接作用于知识转移（张力、刘新梅，2011）[310]。本书认为在研发外包情境下，企业与研发供应商之间的知识共享程度越高，双方间的知识转移程度也越高。由此提出假设：

H4　研发外包中知识共享对知识转移有显著的正向作用。

约翰内森等（Johannessen et al.，1999）的研究认为知识共享有利于企业内部创新行为的发生[311]。奥蒂奥等（Autio et al.，2010）指出组织间知识共享有利于企业的技能和经验知识的积累，进而增强其吸收能力[312]。林焜和彭灿（2010）的研究结果显示，技术性知识共享对企业产品创新能力、学习与吸收能力均产生显著的正向影响，制度性与管理性知识共享促进了企业重构与转变能力的提升[313]。张军等（2012）认为跨职能知识共享是企业动态能力形成与转化的决定性因素[314]。周荣虎（2017）的研究表明供应链伙伴间知识共享程度对企业动态能力存在显著的正向影响[315]。刘力钢和刘建基（2017）的研究发现，组织间知识共享能够显著地正向作用于科技型中小企业的市场与技术两类动态能力[316]。研发外包中企业与研发供应商之间的经验和知识的交流及互动逐步加深，企业的知识存量和种类不断丰富，有助于其对市场机会的识别和感知，进而通过吸收、消化和整合知识促进动态能力的提升。

也就是说，企业与研发供应商之间的知识共享程度越高，企业的动态能力也越强。由此提出假设：

H5　研发外包中知识共享对动态能力有显著的正向作用。

组织间知识的互补性和兼容性有助于组织间知识共享的协同效应发挥作用。斯威夫特等（Swift et al.，2010）的研究结果表明共同绩效目标导向能够促进组织间隐性知识共享，知识共享与企业绩效正相关[317]。威克等（Wijk et al.，2010）的研究指出组织间知识共享对创新具有促进作用，知识共享有助于研发团队形成独特能力，从而增强企业研发绩效[241]。萨恩斯等（Saenz et al.，2012）的研究认为，知识共享能够促进组织间合作与交流，并通过新知识的创造提升企业创新绩效[318]。组织间显性和隐性知识共享对企业创新都是有利的。显性知识共享可以使企业获得技术性准则和原理，隐性知识共享有助于获取技术诀窍和专业经验。外包双方之间有效的知识共享能够显著正向影响外包成功和外包绩效（Chang & Gurbaxani，2013[319]；杜荣等，2012[226]）。徐建中和吕希琛（2014）的研究发现，在业务转型外包中知识共享对制造企业团队的创新绩效起到显著正向作用[16]。本书认为在研发外包情境下，企业与研发供应商之间的知识共享程度越高，企业的创新绩效也越高。由此提出假设：

H6　研发外包中知识共享对企业创新绩效有显著的直接正向作用。

4.1.3　知识转移的作用

组织间知识转移通过转移外部知识至企业内部，使企业获取其创新所需要的各类资源，并成为企业发展知识结构和提升动态能力的主要途径（彭正龙等，2011）[320]。格兰特和格雷戈里（Grant & Gregory，1997）通过研究发现知识转移显著正向影响企业的制造能力与创新绩效[321]。特格兰和瓦斯科（Tegland & Wasko，2003）的研究结果表明企业间的知识流动和知识重组有利于增强企业的吸收能力[322]。布洛梅等

（Blome et al. , 2014）通过实证研究得出组织间知识转移对供应链柔性具有正向作用[323]。焦俊和李垣（2007）的研究得出联盟中显性知识转移的幅度越大、效率越高，企业内部的创新能力越强，越有利于企业实现内部创新[324]。肖洪钧和刘绍昱（2006）的研究认为企业通过学习合作伙伴转移的知识能够强化自身动态能力[325]。郭韬等（2017）的研究表明创新网络知识转移显著正向作用于企业探索式创新和利用式创新[326]。企业间知识转移程度的提升能够使企业在市场感知、机会与资源获取以及转化方面的能力得到强化（徐海燕、李靖华，2014）[327]。研发供应商向企业进行高效的知识转移，可以让企业拥有更多的异质性知识，有助于企业对市场与技术发展趋势的动态掌控，并通过潜在机会的挖掘和相关知识及能力的整合促进企业市场适应能力的提升，从而增强其动态能力。换言之，研发供应商向企业进行知识转移的程度越高，企业的动态能力也越强。由此提出假设：

H7　研发外包中知识转移对动态能力有显著的正向作用。

企业间知识转移能够扩大企业的知识存量，并改变其知识结构，进而催生更多的创新成果（Kotabe et al. , 2007）[328]。卡西曼和威格勒（Cassiman & Veugelers，2006）的研究得出组织间知识转移对创新绩效提升有促进作用，且通过知识转移获得的外部知识的创新效应更明显[329]。林筠等（2009）的研究结果表明，来自外部的隐性知识转移对企业渐进式与根本性创新均起到正向作用[330]。王婷和杨建君（2018）通过研究发现，合作伙伴的隐性知识转移对新产品创造力的正向影响明显高于显性知识转移[331]。杨震宁和李晶晶（2013）的研究验证了技术战略联盟间知识转移能够促进企业创新绩效提升[332]。李子叶和冯根福（2013）的研究结果显示，强制性和非强制性的知识转移机制以及二者的交互作用均显著正向影响企业创新绩效[333]。在资源柔性的负向传导作用下，知识转移对企业创新绩效的正向影响也被证实仍然显著（张红兵，2015）[334]。本书认为在研发外包情境下，研发供应商向企业进行知识转移的程度越高，企业的创新绩效也越高。由此提出假设：

H8　研发外包中知识转移对企业创新绩效有显著的直接正向作用。

4.1.4　动态能力的作用

蒂斯等（1997）的研究表明动态能力能够促进企业产品创新和工艺创新，进而提升创新绩效[187]。苏敬勤和刘静（2013）的研究发现动态能力显著影响复杂产品系统创新绩效[335]。沈锭荣和王琛（2012）的研究得出资源位势、市场感知、整合重构、学习吸收以及网络协作等 5 个维度的动态能力均显著正向影响企业创新绩效[336]。吴航（2016）的研究表明机会识别能力和机会利用能力均与企业创新绩效正相关[337]。付丙海等（2016）通过研究得出动态管理能力和企业动态能力均显著正向影响新企业创新绩效[338]。研发外包能够使企业接触更多的前瞻性技术资源，为企业带来更先进的技术知识和更多技术机会，但只有当企业具备一定的识别知识和消化知识的能力时，其才能将外部创新源的知识成功地转化到企业内部知识体系中并应用于技术创新活动（陈志军、缪沁男，2014）[108]。本书认为在研发外包情境下，企业的动态能力越强，其创新绩效也越高。由此提出假设：

H9　在研发外包中，企业的动态能力对其创新绩效有显著的正向作用。

4.1.5　研发外包中关系质量对企业创新绩效作用机制的理论模型

基于以上分析，本书将研发外包中关系质量对企业创新绩效的影响路径归纳如下：第一，关系质量可能直接推动企业创新绩效的提升；第二，关系质量可能通过提高知识共享程度，间接增加企业创新绩效；第三，关系质量可能通过提高知识转移程度，间接增加企业创新绩效；第四，关系质量可能通过提高知识共享程度，促使企业的动态能力增强，进而间接提升企业创新绩效；第五，关系质量可能通过直接促进知识转移程度提高来增强企业的动态能力，从而间接提升企业创新绩效。第六，关系质量可能通过提高知识共享程度来推进企业间知识转移，进而使企业的动态能力得到强化，从而间接提升企业创新绩效。理论模型如图 4 - 1 所示。

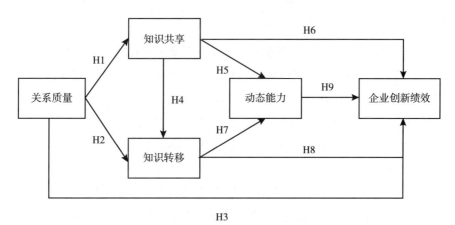

图 4 - 1　研发外包中关系质量对企业创新绩效作用机制的理论模型

4.2　变量测度与数据说明

在研发外包情境下关系质量对企业创新绩效的作用机制研究中，关系质量是解释变量，企业创新绩效是被解释变量。本书从信任、满意、承诺和相互依赖 4 个维度，共设计了 12 个题项来测量关系质量，较全面地反映研发外包中企业与研发供应商之间的关系质量水平，具体测量题项见本书第 3 章表 3 - 4；基于伍蓓等（2009）[34]的研究成果，采用 5 个题项测量企业创新绩效水平，具体测量题项如表 4 - 1 所示。

表 4 - 1 企业创新绩效（IP）变量

变量	测量题项
企业创新绩效（IP）	IP1：与国内同行主要竞争者相比，近三年贵企业的新产品数量
	IP2：与国内同行主要竞争者相比，近三年贵企业的专利申请量
	IP3：与国内同行主要竞争者相比，近三年贵企业的新产品销售额占比
	IP4：与国内同行主要竞争者相比，近三年贵企业的新产品开发速度
	IP5：与国内同行主要竞争者相比，近三年贵企业的创新产品成功率

在研发外包情境下关系质量对企业创新绩效的作用机制研究中，主要包括知识共享、知识转移和动态能力 3 个中介变量。知识共享包括知识共享行为和知识共享效果两个维度。借鉴林（Lin，2007）[339]、马等（Ma et al.，2008）[340] 的研究成果，采用 3 个题项测量知识共享行为，并采用 4 个题项测量知识共享效果，知识转移包括显性知识转移和隐性知识转移两个维度。基于卡明斯和滕（Cummings & Teng，2003）[341]、贝切拉等（Becerra et al.，2008）[342] 的研究成果，分别采用 3 个题项测量显性知识转移和隐性知识转移，动态能力包括市场感知能力、组织学习吸收能力和整合重构能力 3 个维度。参考蒂斯（2007）[183]、王和艾哈迈德（2007）[194]、舍尔和李（2004）[193]、苏敬勤和刘静（2013）[335] 的研究成果，分别采用 3 个题项测量市场感知能力、组织学习吸收能力和整合重构能力。各中介变量的测量题项如表 4 - 2、表 4 - 3 和表 4 - 4 所示。

表 4 - 2 知识共享（KS）变量

变量	测量题项
知识共享行为（KS1）	KS11：外包双方都非常愿意共享一些能以文件形式结构化的知识
	KS12：外包双方会经常共享这类能以文件形式结构化的知识
	KS13：外包双方都会尽可能地为彼此的学习和交流创造机会

续表

变量	测量题项
知识共享效果 （KS2）	KS21：贵企业通过知识共享获取了很多能以文件形式结构化的知识
	KS22：贵企业通过知识共享获得的知识大多是完整的
	KS23：贵企业通过知识共享获得的知识大多是准确的
	KS24：贵企业通过知识共享获得的知识对开展业务很有用

表 4 - 3　　　　　　　　　　知识转移（KT）变量

变量	测量题项
显性知识转移 （KT1）	KT11：研发供应商能够提供完整的产品使用手册、设计规范等文件
	KT12：研发供应商会通过多种方式及时传递产品需求和开发等知识
	KT13：外包双方会就产业发展趋势等信息进行交流
隐性知识转移 （KT2）	KT21：外包双方会交流有关竞争对手和顾客的知识
	KT22：贵企业会向研发供应商学习许多技术经验、诀窍等
	KT23：贵企业会了解研发供应商所需服务等知识

表 4 - 4　　　　　　　　　　动态能力（DA）变量

变量	测量题项
市场感知能力 （DA1）	DA11：贵企业会密切关注研发供应商和竞争者的创新行为
	DA12：贵企业会时刻关注科学技术领域的最新成果
	DA13：贵企业会通过多种途径及时了解本行业的发展动态
组织学习 吸收能力 （DA2）	DA21：贵企业注重通过外部获取知识、经验和咨询意见等
	DA22：贵企业注重记录并积累点滴的知识和经验
	DA23：贵企业注重整理、保存并使用知识和经验
整合重构能力 （DA3）	DA31：贵企业能够有效地整合重组现有的资源
	DA32：贵企业能够对内部工作流程和程序进行快速再设计
	DA33：贵企业能够快速调整内外关系网络和网络沟通方式

本章所使用的数据来源于 2017 年 11 月至 2018 年 4 月期间对中国 9 个服务外包示范城市中代表性企业的问卷调查，共获得有效样本 424 份。

4.3　样本数据分析

4.3.1　描述性统计分析

为考察问卷调查获得的各组数据的分布情况及离散程度，本书采用 SPSS20.0 软件计算得到各项测度指标的均值和标准差，结果如表 4 − 5 所示。可以看出，反映关系质量状况的 12 项指标的均值都大于 3.6，表明样本企业认为其与研发供应商之间的信任、满意、承诺以及相互依赖情况较好，这与本书选取的调查样本是成立年限在 3 年以上的大中型规模且研发外包较集中的行业企业有关。在关系质量的 4 个构成维度中，信任的均值最大，其值为 3.752，说明被调查的企业认为其与研发供应商之间的信任程度相对较高；满意、承诺和相互依赖的均值分别为 3.683、3.644、3.666。此外，反映关系质量状况的各项指标的标准差均低于 1，表明本次调查的结果对于中国服务外包示范城市代表性企业的关系质量状况的测量具有较好的信度，可以进行后续的分析。

在反映知识共享程度的指标中，大部分指标的均值都大于 3.5，知识共享行为和知识共享效果的均值分别为 3.582、3.477，说明本次调查的企业认为知识共享效果仍有待进一步提升，这与研发外包过程中合同的不完全性密切相关。

在反映知识转移程度的指标中，各项指标的均值都小于 3.5，显性知识转移和隐性知识转移的均值分别为 3.370、3.341，说明研发外包中企业能够通过研发供应商获取的隐性知识仍然比较有限。

表 4 - 5　　　　　　　　　各指标的均值和标准差

指标		均值	标准差	指标		均值	标准差
信任 （RQ1）	RQ11	3.715	0.725	显性知识转移 （KT1）	KT11	3.446	0.779
	RQ12	3.788	0.803		KT12	3.356	0.749
	RQ13	3.755	0.827		KT13	3.309	0.735
满意 （RQ2）	RQ21	3.689	0.835	隐性知识转移 （KT2）	KT21	3.267	0.726
	RQ22	3.689	0.761		KT22	3.349	0.785
	RQ23	3.672	0.861		KT23	3.408	0.948
承诺 （RQ3）	RQ31	3.601	0.830	市场感知能力 （DA1）	DA11	3.429	0.737
	RQ32	3.627	0.818		DA12	3.406	0.772
	RQ33	3.703	0.805		DA13	3.483	0.796
相互依赖 （RQ4）	RQ41	3.651	0.826	组织学习 吸收能力 （DA2）	DA21	3.455	0.812
	RQ42	3.625	0.798		DA22	3.446	0.764
	RQ43	3.724	0.834		DA23	3.483	0.819
知识共享行为 （KS1）	KS11	3.592	0.744	整合重构能力 （DA3）	DA31	3.380	0.883
	KS12	3.568	0.731		DA32	3.427	0.765
	KS13	3.585	0.788		DA33	3.472	0.810
知识共享效果 （KS2）	KS21	3.554	0.702	企业创新绩效 （IP）	IP1	3.665	0.779
	KS22	3.498	0.775		IP2	3.524	0.793
	KS23	3.427	0.762		IP3	3.524	0.810
	KS24	3.429	0.819		IP4	3.724	0.903
					IP5	3.715	0.953

在反映动态能力水平的指标中，绝大部分指标的均值都大于 3.4，市场感知能力、组织学习吸收能力和整合重构能力的均值分别为 3.439、3.441、3.426。这说明被调查的企业认为其动态能力中的组织学习吸收能力最强，其次是市场感知能力，最后是整合重构能力。

在反映企业创新绩效的指标中，各项指标的均值都大于 3.5，且新产品开发速度和创新产品成功率的均值都大于 3.7，表明服务外包示范城市中具有研发外包行为的企业整体创新绩效状况较好。

4.3.2 信度与效度检验

第一，信度检验。为确保样本数据的高质量，在实证研究之前还应对样本数据进行信度检验。结构方程模型计算中，需要对测量模型进行验证性因子分析，因而要求所测算的各项指标必须通过内部一致性检验。本书采用 Cronbach's α 系数检验法验证样本数据的信度，结果如表 4-6 所示。各潜在变量整体的 Cronbach's α 系数值大于 0.90 是最佳的；0.80~0.90 表示非常好。可见，5 个潜在变量的信度值均达到检验的要求，表明样本数据全部通过了信度检验。

表 4-6　　　　各变量的信度与效度检验结果（$N = 424$）

变量名称	Cronbach's α 系数	KMO 值	Bartlett 卡方值	测量题项	因子负载	累计方差解释率（%）	显著性水平
关系质量（RQ）	0.954	0.960	3346.988	RQ11	0.863	89.923	0.000
				RQ12	0.851		
				RQ13	0.864		
				RQ21	0.778		
				RQ22	0.853		
				RQ23	0.861		
				RQ31	0.716		
				RQ32	0.824		
				RQ33	0.831		
				RQ41	0.727		
				RQ42	0.759		
				RQ43	0.835		

变量 名称	Cronbach's α 系数	KMO 值	Bartlett 卡方值	测量 题项	因子 负载	累计方差 解释率 （%）	显著性 水平
知识共享 （KS）	0.814	0.891	1810.013	KS11	0.825	70.408	0.000
				KS12	0.773		
				KS13	0.851		
				KS21	0.723		
				KS22	0.624		
				KS23	0.764		
				KS24	0.760		
知识转移 （KT）	0.865	0.889	1044.942	KT11	0.810	79.195	0.000
				KT12	0.768		
				KT13	0.780		
				KT21	0.740		
				KT22	0.670		
				KT23	0.705		
动态能力 （DA）	0.893	0.928	1671.178	DA11	0.759	81.886	0.000
				DA12	0.706		
				DA13	0.801		
				DA21	0.811		
				DA22	0.828		
				DA23	0.756		
				DA31	0.683		
				DA32	0.705		
				DA33	0.733		

续表

变量名称	Cronbach's α 系数	KMO 值	Bartlett 卡方值	测量题项	因子负载	累计方差解释率（%）	显著性水平
企业创新绩效（IP）	0.897	0.886	1125.487	IP1	0.741	76.500	0.000
				IP2	0.782		
				IP3	0.808		
				IP4	0.823		
				IP5	0.833		

第二，效度检验。本书运用因子分析法对建立的模型中的各项潜在变量展开效度检验，结果如表 4 – 6 所示。首先，使用 KMO 检验法和 Bartlett 球形检验法来判断样本数据做因子分析的适用性。检验结果要求潜在变量的卡方数值的显著性概率必须不高于显著性水平。接着，采用极大方差法并根据特征值大于 1 的原则对样本数据提取公因子，结果表明各项观察变量的因素负荷量均大于 0.50，并且累计解释方差均在 50% 以上，由此可得所有样本数据都通过了效度检验。

4.4　结构方程模型分析

4.4.1　初始模型构建

本书采用李克特量表形式设计调查问卷，并通过问卷调查法收集得到样本数据，这使得样本数据具有较强的主观性和较大的误差，因果关系相当复杂，并且难以直接度量。考虑到结构方程模型具有理论先验性的优点，能够同时进行多个因变量的测量和分析，并强调协方差和多重统计指标的运用。因此，本书采用结构方程模型分析方法，实证检验研发外包中关系质量对企业创新绩效的作用机制。

在结构方程模型中，关系质量属于外衍变量，知识共享、知识转移和动态能力均属于中介变量，企业创新绩效为内衍变量。在结构方程模型的参数估计模型图中，采用由"因"变量箭头指向"果"变量的线条来表示各变量间的因果关系，每条线均有对应的回归权重系数。并可分为单箭头和双箭头两类，其中，两个变量之间是因果关系用单箭头线条表示；两个变量之间互为因果关系则用双箭头线条表示。结构方程模型包含测量模型和结构模型。测量模型体现了潜在变量与观察变量间的关系，其一般形式如下：

$$X = \Lambda_X \xi + \delta$$
$$Y = \Lambda_Y \eta + \varepsilon \qquad (4.1)$$

其中，X、Y 分别表示外衍观察变量和内衍观察变量；ξ、η 分别为外衍潜在变量和内衍潜在变量；Λ_X、Λ_Y 为观察变量 X 和 Y 的因素负荷量；δ、ε 为观察变量 X 和 Y 的误差项。ε 与 ξ、η 及 δ 无关，且 δ 与 ξ、η 及 ε 也无关。

结构模型体现了各潜在变量间的因果关系，其一般形式为：

$$\eta = \beta\eta + \Gamma\xi + \zeta \qquad (4.2)$$

其中，ξ 和 η 分别表示外衍潜在变量、内衍潜在变量；Γ 为外衍潜在变量影响内衍潜在变量的路径系数，β 表示内衍潜在变量间的影响路径系数，ζ 为残差项。

图 4-2 是本书构建的研发外包中关系质量对企业创新绩效作用机制的初始结构方程模型，由 11 个内衍潜在变量、5 个外衍潜在变量、27 个内衍观察变量以及 12 个外衍观察变量构成。其中，外衍潜在变量包括关系质量（RQ）、信任（RQ1）、满意（RQ2）、承诺（RQ3）和相互依赖（RQ4），分别记为 ξ_{RQ}、ξ_{RQ1}、ξ_{RQ2}、ξ_{RQ3} 和 ξ_{RQ4}；内衍潜在变量包括知识共享（KS）、知识转移（KT）、动态能力（DA）、企业创新绩效（IP）、知识共享行为（KS1）、知识共享效果（KS2）、显性知识转移（KT1）、隐性知识转移（KT2）、市场感知能力（DA1）、组织学习吸收能力（DA2）、整合重构能力（DA3），分别记为

η_{KS}、η_{KT}、η_{DA}、η_{IP}、η_{KS1}、η_{KS2}、η_{KT1}、η_{KT2}、η_{DA1}、η_{DA2}和η_{DA3}。构建的测量模型如下：

$$
\begin{cases}
X_{RQ11} = \lambda_{RQ11}\xi_{RQ1} + \delta_{RQ11}, \ X_{RQ12} = \lambda_{RQ12}\xi_{RQ1} + \delta_{RQ12}, \ X_{RQ13} = \lambda_{RQ13}\xi_{RQ1} + \delta_{RQ13} \\[4pt]
X_{RQ21} = \lambda_{RQ21}\xi_{RQ2} + \delta_{RQ21}, \ X_{RQ22} = \lambda_{RQ22}\xi_{RQ2} + \delta_{RQ22}, \ X_{RQ23} = \lambda_{RQ23}\xi_{RQ2} + \delta_{RQ23} \\[4pt]
X_{RQ31} = \lambda_{RQ31}\xi_{RQ3} + \delta_{RQ31}, \ X_{RQ32} = \lambda_{RQ32}\xi_{RQ3} + \delta_{RQ32}, \ X_{RQ33} = \lambda_{RQ33}\xi_{RQ3} + \delta_{RQ33} \\[4pt]
X_{RQ41} = \lambda_{RQ41}\xi_{LR4} + \delta_{RQ41}, \ X_{RQ42} = \lambda_{RQ42}\xi_{RQ4} + \delta_{RQ42}, \ X_{RQ43} = \lambda_{RQ43}\xi_{RQ4} + \delta_{RQ43} \\[4pt]
X_{RQ1} = \lambda_{RQ1}\xi_{RQ} + \delta_{RQ1}, \ X_{RQ2} = \lambda_{RQ2}\xi_{RQ} + \delta_{RQ2}, \ X_{RQ3} = \lambda_{RQ3}\xi_{RQ} + \delta_{RQ3}, \\[4pt]
X_{RQ4} = \lambda_{RQ4}\xi_{RQ} + \delta_{RQ4} \\[4pt]
Y_{KS11} = \lambda_{KS11}\eta_{KS1} + \varepsilon_{KS11}, \ Y_{KS12} = \lambda_{KS12}\eta_{KS1} + \varepsilon_{KS12}, \ Y_{KS13} = \lambda_{KS13}\eta_{KS1} + \varepsilon_{KS13} \\[4pt]
Y_{KS21} = \lambda_{KS21}\eta_{KS2} + \varepsilon_{KS21}, \ Y_{KS22} = \lambda_{KS22}\eta_{KS2} + \varepsilon_{KS22}, \ Y_{KS23} = \lambda_{KS23}\eta_{KS2} + \varepsilon_{KS23} \\[4pt]
Y_{KS24} = \lambda_{KS24}\eta_{KS2} + \varepsilon_{KS24} \\[4pt]
Y_{KS1} = \lambda_{KS1}\eta_{KS} + \varepsilon_{KS1}, \ Y_{KS2} = \lambda_{KS2}\eta_{KS} + \varepsilon_{KS2} \\[4pt]
Y_{KT11} = \lambda_{KT11}\eta_{KT1} + \varepsilon_{KT11}, \ Y_{KT12} = \lambda_{KT12}\eta_{KT1} + \varepsilon_{KT12}, \ Y_{KT13} = \lambda_{KT13}\eta_{KT1} + \varepsilon_{KT13} \\[4pt]
Y_{KT21} = \lambda_{KT21}\eta_{KT2} + \varepsilon_{KT21}, \ Y_{KT22} = \lambda_{KT22}\eta_{KT2} + \varepsilon_{KT22}, \ Y_{KT23} = \lambda_{KT23}\eta_{KT2} + \varepsilon_{KT23} \\[4pt]
Y_{KT1} = \lambda_{KT1}\eta_{KT} + \varepsilon_{KT1}, \ Y_{KT2} = \lambda_{KT2}\eta_{KT} + \varepsilon_{KT2} \\[4pt]
Y_{DA11} = \lambda_{DA11}\eta_{DA1} + \varepsilon_{DA11}, \ Y_{DA12} = \lambda_{DA12}\eta_{DA1} + \varepsilon_{DA12}, \ Y_{DA13} = \lambda_{DA13}\eta_{DA1} + \varepsilon_{DA13} \\[4pt]
Y_{DA21} = \lambda_{DA21}\eta_{DA2} + \varepsilon_{DA21}, \ Y_{DA22} = \lambda_{DA22}\eta_{DA2} + \varepsilon_{DA22}, \ Y_{DA23} = \lambda_{DA23}\eta_{DA2} + \varepsilon_{DA23} \\[4pt]
Y_{DA31} = \lambda_{DA31}\eta_{DA3} + \varepsilon_{DA31}, \ Y_{DA32} = \lambda_{DA32}\eta_{DA3} + \varepsilon_{DA32}, \ Y_{DA33} = \lambda_{DA33}\eta_{DA3} + \varepsilon_{DA33} \\[4pt]
Y_{DA1} = \lambda_{DA1}\eta_{DA} + \varepsilon_{DA1}, \ Y_{DA2} = \lambda_{DA2}\eta_{DA} + \varepsilon_{DA2}, \ Y_{DA3} = \lambda_{DA3}\eta_{DA} + \varepsilon_{DA3} \\[4pt]
Y_{IP11} = \lambda_{IP11}\eta_{DA1} + \varepsilon_{IP11}, \ Y_{IP12} = \lambda_{IP12}\eta_{IP1} + \varepsilon_{IP12}, \ Y_{IP13} = \lambda_{IP13}\eta_{IP1} + \varepsilon_{IP13} \\[4pt]
Y_{IP14} = \lambda_{IP14}\eta_{IP1} + \varepsilon_{IP14}, \ Y_{IP15} = \lambda_{IP15}\eta_{IP1} + \varepsilon_{I514} \\[4pt]
Y_{IP1} = \lambda_{IP1}\eta_{IP} + \varepsilon_{IP1}
\end{cases}
$$

$$(4.3)$$

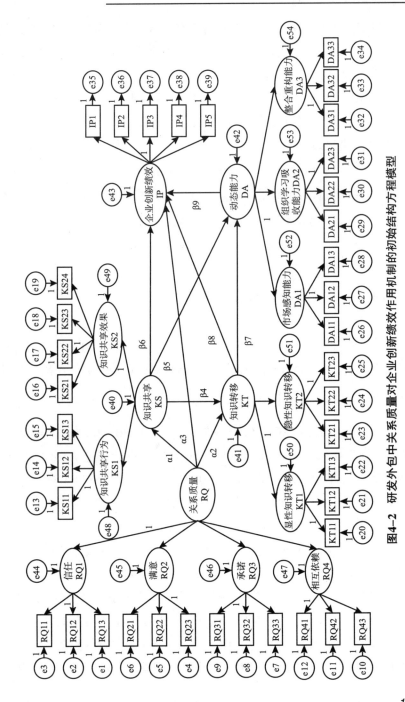

图4-2　研发外包中关系质量对企业创新绩效作用机制的初始结构方程模型

本书建立的结构模型是一个外衍潜在变量对多个内衍潜在变量的预测，α_1、α_2 和 α_3 分别表示研发外包中关系质量对知识共享、知识转移和企业创新绩效的作用；β_4、β_5 和 β_6 分别表示知识共享对知识转移、动态能力和企业创新绩效的作用；β_7、β_8 分别表示知识转移对动态能力、企业创新绩效的作用；β_9 表示动态能力对企业创新绩效的作用。构建的结构模型如下：

$$\begin{cases} \eta_{KS} = \alpha_1 \xi_{RQ} + \zeta_{KS} \\ \eta_{KT} = \alpha_2 \xi_{RQ} + \zeta_{KT} \\ \eta_{DA} = \beta_4 \eta_{KS} + \beta_5 \eta_{KS} + \beta_7 \eta_{KT} + \zeta_{DA} \\ \eta_{IP} = \beta_6 \eta_{KS} + \beta_8 \eta_{KT} + \beta_9 \eta_{DA} + \alpha_3 \xi_{RQ} + \zeta_{IP} \end{cases} \qquad (4.4)$$

4.4.2 初始模型的估计与检验

本书使用 AMOS20.0 统计分析软件对构建的初始结构方程模型进行整体适配度检验，得到研发外包中关系质量对企业创新绩效作用机制的初始结构方程模型的 8 个拟合指标指数（见表 4 - 7）。结果显示，$\frac{\chi^2}{df}$ 值为 1.822，小于 2.0；AGFI 值为 0.860，大于 0.80；IFI 值、CFI 值和 TLI 值分别为 0.955、0.955、0.950，均大于 0.90 且接近 1.0；PNFI 值为 0.825，大于 0.50；RMR 值为 0.022，小于 0.05；RMSEA 值为 0.044，小于 0.05。由此可以判定构建的初始结构方程模型的 8 项拟合指标均在可接受范围内，能够进行整体模型的分析。

表 4 - 8 反映了研发外包中关系质量对企业创新绩效作用机制的初始结构方程模型的拟合情况。结果显示，变量之间的 6 条路径均通过了显著性检验。其中，"关系质量→知识共享""关系质量→知识转移""知识共享→知识转移""知识转移→动态能力"和"动态能力→企业创新绩效"等 5 条路径均在 0.001 水平上达到了显著性检验要求，各路径的标准化估计值分别为 0.846、0.618、0.505、0.693、0.592；路径

表 4 – 7　　研发外包中关系质量对企业创新绩效作用机制的
初始结构方程模型的适配度检验结果

拟合指标	$\dfrac{\chi^2}{df}$	AGFI	IFI	CFI	TLI	PNFI	RMR	RMSEA
显示值	1.822	0.860	0.955	0.955	0.950	0.825	0.022	0.044
参考值	<3.00	>0.80	>0.90	>0.90	>0.90	>0.50	<0.05	<0.08

"知识共享→动态能力"在 0.01 水平上达到了显著性检验要求，标准化估计值为 0.332。但"关系质量→企业创新绩效""知识共享→企业创新绩效"和"知识转移→企业创新绩效"等 3 条路径均未通过显著性检验。

表 4 – 8　　研发外包中关系质量对企业创新绩效作用机制的
初始结构方程模型拟合情况（$N = 424$）

路径	标准化估计值	估计值	标准差（S. E.）	临界比（C. R.）	显著性（P）
知识共享←关系质量	0.846	0.754	0.044	10.279	***
知识转移←关系质量	0.618	0.613	0.071	5.813	***
企业创新绩效←关系质量	0.325	0.315	0.206	1.530	0.126
知识转移←知识共享	0.505	0.751	0.163	4.603	***
动态能力←知识共享	0.332	0.433	0.259	2.671	0.005
企业创新绩效←知识共享	0.735	0.326	0.138	1.165	0.244
动态能力←知识转移	0.693	0.534	0.185	6.131	***
企业创新绩效←知识转移	0.458	0.449	0.284	1.892	0.373
企业创新绩效←动态能力	0.592	0.626	0.399	3.377	0.069

注：*** 表示 $p < 0.001$。

4.4.3 初始模型的修正与确定

由表 4 - 8 研发外包中关系质量对企业创新绩效作用机制的初始结构方程模型的拟合结果可知，路径"关系质量→企业创新绩效"的 C. R. 值低于 1. 96，且标准化估计值为 0. 325，p 值为 0. 126，可以考虑删除该路径。路径"知识共享→企业创新绩效"和"知识转移→企业创新绩效"均未通过显著性检验，因此考虑删除这两条路径。再根据所构建的初始结构方程模型在 AMOS20. 0 软件中计算得出的 MI 修正指数结果增加了部分误差项之间的路径，具体包括：e2↔e5、e2↔e9、e5↔e8、e14↔e16、e14↔e17、e15↔e19、e16↔e17、e26↔e33、e28↔e30、e31↔e34。图 4 - 3 给出了研发外包中关系质量对企业创新绩效作用机制的修正模型。

通过将研发外包中关系质量对企业创新绩效作用机制的修正模型输入 AMOS20. 0 软件中，得到研发外包中关系质量对企业创新绩效作用机制的修正模型的适配度检验结果（见表 4 - 9）。其中，$\frac{\chi^2}{df}$ 值为 1. 631，小于 2. 0；AGFI 值为 0. 874，大于 0. 80；IFI 值、CFI 值和 TLI 值分别为 0. 966、0. 966、0. 962，均大于 0. 90 且接近 1. 0；PNFI 值为 0. 826，大于 0. 50；RMR 值为 0. 020，小于 0. 05；RMSEA 值为 0. 039，小于 0. 05。可见，与初始结构方程模型相比，修正后的结构方程模型的 8 项拟合指标值均得到改进，且都在可接受范围内。

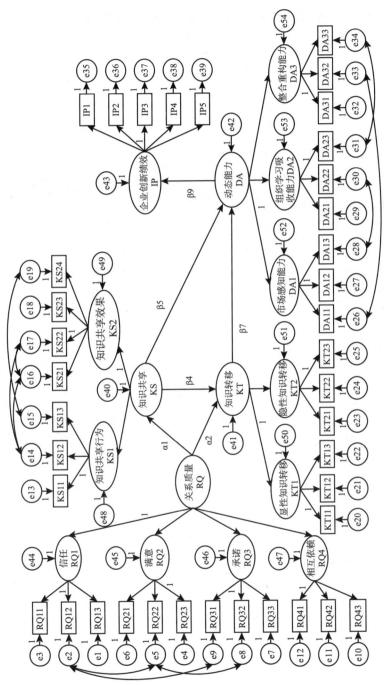

图4-3　研发外包中关系质量对企业创新绩效作用机制的修正模型

表4-9   研发外包中关系质量对企业创新绩效作用机制的
修正模型的适配度检验结果

拟合指标	$\dfrac{\chi^2}{df}$	AGFI	IFI	CFI	TLI	PNFI	RMR	RMSEA
显示值	1.631	0.874	0.966	0.966	0.962	0.826	0.020	0.039
参考值	<3.00	>0.80	>0.90	>0.90	>0.90	>0.50	<0.05	<0.08

表4-10反映了研发外包中关系质量对企业创新绩效作用机制模型的修正拟合结果。其结果显示，变量之间的6条路径"关系质量→知识共享""关系质量→知识转移""知识共享→知识转移""知识共享→动态能力""知识转移→动态能力"以及"动态能力→企业创新绩效"的路径系数的临界比值均高于1.96，且都在0.001水平上达到了显著性检验要求。由此认为经过修正得到的结构方程模型具有较好的拟合优度，模型得到确认。最终的结构方程模型如图4-4所示。

表4-10 研发外包中关系质量对企业创新绩效作用机制模型的
修正拟合结果（$N=424$）

路径	标准化估计值	估计值	标准差(S.E.)	临界比(C.R.)	显著性(P)
知识共享←关系质量	0.758	0.817	0.044	9.502	***
知识转移←关系质量	0.744	0.725	0.063	6.756	***
知识转移←知识共享	0.579	0.669	0.157	4.896	***
动态能力←知识共享	0.410	0.504	0.142	3.053	***
动态能力←知识转移	0.886	0.880	0.074	11.909	***
企业创新绩效←动态能力	0.633	0.774	0.099	12.829	***

注：*** 表示 $p<0.001$。

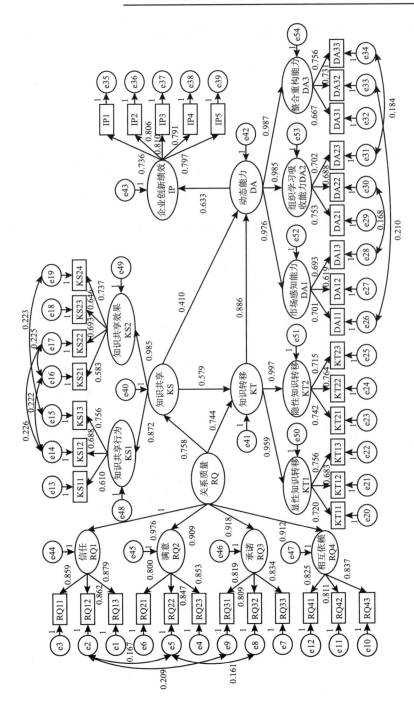

图 4-4　最终的研发外包中关系质量对企业创新绩效作用机制的结构方程模型

为了便于进行后续的评价分析，本书还根据图4－4得到路径系数标准化后的最终的结构方程模型（简易），如图4－5所示。

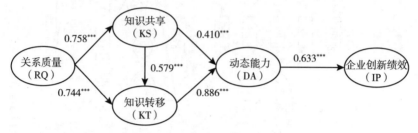

图4－5 路径系数标准化后的最终的结构方程模型（简易）

4.4.4 确认模型的效应分解

由于模型中各变量之间的关系包括了直接作用和间接作用两类，需要对模型作效应分解，以得到确认模型的直接效应、间接效应和总效应。因此，本书将关系质量、知识共享、知识转移、动态能力等4个变量对企业创新绩效的作用效应进行分解（见表4－11）。其结果显示，动态能力对企业创新绩效的直接效应为0.633；关系质量并不能对企业创新绩效产生显著的直接效应，关系质量对企业创新绩效的间接效应达到了0.860，明显高于动态能力对企业创新绩效的直接效应。其中，通过知识共享路径产生的间接效应为0.443，通过知识转移路径产生的间接效应为0.417。可以认为相比其他变量，关系质量是影响企业创新绩效的关键变量。

表4－11　　　　变量对企业创新绩效的作用效应（$N=424$）

路径	直接效应	间接效应	总体效应
动态能力→企业创新绩效	0.633	0.000	0.633
关系质量→知识共享→动态能力→企业创新绩效	0.000	0.197 （0.758×0.410×0.633）	0.860

续表

路径	直接效应	间接效应	总体效应
关系质量→知识共享→知识转移→动态能力→企业创新绩效	0.000	0.246 ($0.758 \times 0.579 \times 0.886 \times 0.633$)	
关系质量→知识转移→动态能力→企业创新绩效	0.000	0.417 ($0.744 \times 0.886 \times 0.633$)	

4.5　假设检验与结果讨论

4.5.1　路径假设检验

表 4-12 反映了研发外包中关系质量对企业创新绩效作用机制模型的路径系数和假设检验情况。路径"关系质量→知识共享"的检验结果显示，该路径系数为 $\alpha_1 = 0.758$，且 p 值小于 0.001，表明该路径达到显著性水平，研发外包情境下关系质量对知识共享具有显著的正向作用。假设 H1 得到支持。

表 4-12　研发外包中关系质量对企业创新绩效作用机制模型的路径系数与假设检验

路径	变量间关系	路径系数	显著性水平	对应假设	检验结果
α_1	关系质量→知识共享	0.758	***	假设 H1	支持
α_2	关系质量→知识转移	0.744	***	假设 H2	支持
α_3	关系质量→企业创新绩效	0.325	0.126	假设 H3	不支持
β_4	知识共享→知识转移	0.579	***	假设 H4	支持
β_5	知识共享→动态能力	0.410	***	假设 H5	支持
β_6	知识共享→企业创新绩效	0.735	0.244	假设 H6	不支持
β_7	知识转移→动态能力	0.886	***	假设 H7	支持

路径	变量间关系	路径系数	显著性水平	对应假设	检验结果
β_8	知识转移→企业创新绩效	0.458	0.373	假设 H8	不支持
β_9	动态能力→企业创新绩效	0.633	***	假设 H9	支持

注：*** 表示 $p < 0.001$。

路径"关系质量→知识转移"的检验结果显示，该路径系数为 $\alpha_2 = 0.744$，且 p 值小于 0.001，表明该路径达到显著性水平，研发外包情境下关系质量对知识转移具有显著的正向作用。假设 H2 得到支持。

由于前文对初始结构方程模型进行修正时删除了"关系质量→企业创新绩效"的路径 α_3、"知识共享→企业创新绩效"的路径 β_6、"知识转移→企业创新绩效"的路径 β_8 等 3 条路径，因此假设 H3、H6 和 H8 未得到支持。

从路径"知识共享→知识转移"的检验结果来看，该路径系数为 $\beta_4 = 0.579$，且 $p < 0.001$，表明该路径在 0.001 水平上通过了显著性检验，研发外包情境下知识共享对知识转移具有显著的正向作用。假设 H4 得到支持。

从路径"知识共享→动态能力"的检验结果来看，该路径系数为 $\beta_5 = 0.410$，且 $p < 0.001$，表明该路径在 0.001 水平上通过了显著性检验，研发外包情境下知识共享对动态能力具有显著的正向作用。假设 H5 得到支持。

从路径"知识转移→动态能力"的检验结果来看，该路径系数为 $\beta_7 = 0.886$，且 $p < 0.001$，表明该路径在 0.001 水平上通过了显著性检验，研发外包情境下知识转移对动态能力具有显著的正向作用。假设 H7 得到支持。

从路径"动态能力→企业创新绩效"的检验结果来看，该路径系数为 $\beta_9 = 0.633$，且 $p < 0.001$，表明该路径在 0.001 水平上通过了显著性检验，研发外包情境下动态能力对企业创新绩效具有显著的正向作用。假设 H9 得到支持。

4.5.2　研究结果讨论

通过研究发现，研发外包情境下企业的动态能力对其创新绩效具有显著的正向作用，直接作用效应为 0.633，说明动态能力是影响研发外包企业创新绩效提升的重要因素。关系质量对企业创新绩效并没有直接的显著正向影响，但关系质量对知识共享和知识转移均产生显著的正向作用，路径系数分别为 0.758、0.744。关系质量通过提高知识共享和知识转移两条路径间接作用于企业创新绩效的效应达到 0.860。其中，通过知识共享路径产生的间接效应为 0.443，通过知识转移路径产生的间接效应为 0.417。这说明关系质量对企业创新绩效的作用效应是非常显著的。

本书的研究验证了研发外包双方间的关系质量越好，彼此间知识共享的程度越高。随着双方间关系质量的提高，研发外包双方对未来彼此间的合作都会有更好的预期，并相信可以通过长期交易关系获得更多的机会与利益，因此双方分享知识的愿望会明显增强。较高的关系质量能够使知识接受方确信知识发送方传递知识的真诚性，进而提升彼此对共享知识的理解程度。随着双方对彼此的信息需求的了解程度不断加深，企业与研发供应商都会更关注对方的利益，并有针对性地为对方提供更多有价值的信息，有助于双方更好地开展业务。此外，研发外包双方也会采用更广泛的沟通渠道，并通过建立定期会晤的沟通机制，进一步提高企业间的沟通频率，从而实现更高程度的知识共享。

本书的研究还验证了研发外包双方间的关系质量越好，彼此间知识转移的程度也越高。知识共享和知识转移对企业的动态能力都具有显著的正向影响，但二者对企业创新绩效的直接促进作用均不显著。只有当研发外包双方间建立的知识共享体系比较完善且稳定，双方知识共享的广度与深度得到深化，并促进双方显性和隐性知识转移，进而使企业对外部知识的获取、吸收以及创造能力不断增强，企业创新绩效才能得以提升。因此，对于开展研发外包业务的企业而言，需要进一步加强对其与研发供应商之间关系质量重要性的认识，要注重均衡提高外包双方间的信任、满意、承诺和相互依赖水平，积极促进显性知识和隐性知识的共享和转移，进一步强化自身的市场感知能力、组织学习吸收能力和整合重构能力，从而提升企业创新绩效。

综上所述，研发外包中关系质量是通过促进知识共享程度和知识转移程度的提高和企业动态能力的增强来实现对企业创新绩效产生正向作用的，且作用效果非常显著。按照关系质量的信任、满意、承诺和相互依赖等4个构成维度，通过引入知识共享、知识转移和动态能力3个中介变量，构建了研发外包中关系质量对企业创新绩效作用机制的结构方程模型，基于实证分析得到的研究结果对于研发外包情境下企业与研发供应商之间的关系质量水平的提升、企业动态能力的强化以及创新绩效的提升均具有重要的参考价值。

4.6 本 章 小 结

本章主要对研发外包中关系质量对企业创新绩效作用机制进行理论模型构建与实证分析。首先建立研发外包中关系质量对企业创新绩效作用机制的理论模型，接着详细说明了研发外包中关系质量对企业创新绩效影响状况的调查问卷设计与数据收集过程。运用 SPSS20.0 统计分析软件对在中国9个服务外包示范城市获得的424个有效样本数据进行了描述性统计、信度及效度检验等初步分析。再建立研发外包中关系质量对企业创新绩效作用机制的初始结构方程模型，采用 AMOS20.0 统计分析软件对构建的初始结构方程模型进行了估计和检验，并基于适配度检验结果进行模型修正，进一步得到最终的研发外包中关系质量对企业创新绩效作用机制的结构方程模型。最后基于确认的结构方程模型分析各变量对企业创新绩效的作用效应，讨论假设检验结果。

第 5 章

研发外包模式调节下关系质量对
企业创新绩效的影响机制研究

5.1 研究假设与理论模型

本章基于研发外包理论、关系质量理论和动态能力理论，结合第 4 章建立的研发外包中关系质量对企业创新绩效作用机制的理论模型及其实证研究结果，引入研发外包模式作为调节变量，构建研发外包模式调节下关系质量对企业创新绩效影响的理论模型，以此分析不同研发外包模式下关系质量对企业创新绩效的影响机制差异。

从企业研发的特征和本质来看，成功的企业都始终致力于渐进性创新和突破性创新（Christensen，2000）[343]。克里斯滕森（Christensen，1997）提出了两种创新模式：颠覆性创新和持续性创新[344]。在此基础上，部分学者从创新类型角度对企业不同外包行为进行了有益的探讨。安周磊（Azoulay，2004）将企业的外包模式分为信息性外包和知识性外包两种基本类型，其研究发现知识性项目往往不容易外包成功[345]。佐特和阿米特（Zott & Amit，2007）认为企业的商业模式可以分为效率型模式和创新型模式，其研究结果表明创新型商业模式能够显著正向影响企业绩效，但效率型商业模式并不能对企业绩效产生影响[346]。伍蓓和陈劲（2011）基于创新的平衡视角，将企业研发外包的模式分为效率型研发外包和创新型研发外包两种模式。从企业的研发决策角度来看，其外包决策的制定受到自身现有的能力、战略导向和新产品周期等多种因素的影响。效率型模式和创新型模式是企业采取自主研发或研发外包的平衡点。效率型研发外包模式能够使企业的研发成本和研发风险得以降低，并推进企业研发进程；创新型研发外包能够推动企业加快实现技术突破，并促进企业商业模式转变。从企业的创新绩效角度来看，效率型和创新型的模式划分有助于学界更好地识别企业创新强度。如果企业的目标是通过对现有技术进行持续改进和完善以实现平稳增长，则其会倾向于采取效率型研发外包模式；如果企业的目标是通过对新技术的持续革新来储备未来技术，则其更倾向于实施创新型研发外包模式[36]。

企业在研发外包初期大多采用效率型研发外包模式，以确定服务需求或签订质量水平协议为前提条件，强调对企业研发成本和稳定性的掌控，以此确保服务供应连贯性，且更注重自身主业发展。在该模式下，位于主导地位的企业与研发供应商共享相关技术和知识，并由研发供应商独立完成研发工作。在研发外包过程中，企业更重视自身资源和技术水平，通过研发供应商获得的技术和知识较少，因而很难与研发供应商实现优势互补。此外，由于外包业务的技术和市场均较成熟，企业与研发供应商之间的知识转移以显性知识为主，隐性知识转移较少。

创新型研发外包模式属于高层次的资源利用关系，旨在通过创造新收益、战胜竞争对手，甚至改变企业的运营基础来增强企业竞争力。创新型研发外包的业务大多涉及企业核心技术，企业与研发供应商之间是战略伙伴关系，双方能够在战略上达成共识并形成优势互补，且具备能快速融入双方目标的流程。在该模式下，企业外包业务的技术是新技术，对产品的创新性要求较高。这就需要研发外包双方不断地进行沟通与交流并建立信任关系。由此企业能够获得很多显性知识，并积累大量的隐性知识。研发外包双方间专用资源和互补资源共享程度的提高，进一步扩大了企业创新源，并通过知识转移强化企业的研发和技术水平，进而促进企业创新绩效提升。

基于已有的研究成果，本书认为在不同的研发外包模式下，企业与研发供应商之间的关系质量对企业创新绩效的影响机制存在差异。与效率型研发外包模式相比，创新型研发外包模式下关系质量可能会更直接地影响企业创新绩效，且关系质量对企业创新绩效的间接影响也将更明显。由此提出假设：

H10a　相比效率型研发外包模式，创新型研发外包模式下关系质量对企业创新绩效的影响更明显。

H10b　相比效率型研发外包模式，创新型研发外包模式下关系质量对知识共享的影响更明显。

H10c　相比效率型研发外包模式，创新型研发外包模式下关系质量对知识转移的影响更明显。

H10d　相比效率型研发外包模式，创新型研发外包模式下知识共享对知识转移的影响更明显。

H10e　相比效率型研发外包模式，创新型研发外包模式下知识共享对动态能力的影响更明显。

H10f　相比效率型研发外包模式，创新型研发外包模式下知识转移对动态能力的影响更明显。

H10g　相比效率型研发外包模式，创新型研发外包模式下动态能力对企业创新绩效的影响更明显。

理论模型如图 5 - 1 所示。

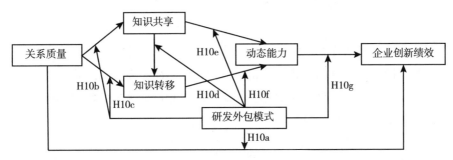

图 5 - 1　研发外包模式调节下关系质量对企业创新绩效影响的理论模型

5.2　变量测度与数据说明

在研发外包模式调节下关系质量对企业创新绩效的影响研究中，关系质量是解释变量，被解释变量为企业创新绩效，中介变量包括知识共享、知识转移和动态能力，调节变量为研发外包模式。解释变量和调节变量的具体测量题项见本书表 3 - 4 和表 3 - 5；被解释变量和中介变量的具体测量题项见表 4 - 1、表 4 - 2、表 4 - 3 和表 4 - 4。

本章研究所使用的数据来源于 2017 年 11 月至 2018 年 4 月期间对中国 9 个服务外包示范城市中代表性企业的问卷调查，共获得有效样本 424 份，调查问卷设计与数据收集过程见本书第 3 章 3.2 节。通过分析发现，效率型研发外包模式的有效样本为 235 份，占比 55.42%；创新型研发外包模式的有效样本为 189 份，占比 44.58%。可见，样本企业在研发外包中整体上仍然是以效率型研发外包模式为主导，但创新型研发外包模式为主导的企业占比已经得到较大幅度提升。

5.3　样本数据分析

5.3.1　描述性统计分析

主要变量的描述性统计结果如表 5 - 1 所示。可以看出，效率型研发外包模式为主导的企业样本相对较多，且不同研发外包模式下企业在关系质量、知识共享、知识转移、动态能力和创新绩效的绝大部分测量指标上均存在明显差异。

表 5 – 1 主要变量的描述性统计

指标		效率型研发外包模式（$N=235$）		创新型研发外包模式（$N=189$）	
		均值	标准差	均值	标准差
信任 （RQ1）	RQ11	3.690	0.746	3.750	0.699
	RQ12	3.780	0.806	3.790	0.802
	RQ13	3.750	0.784	3.760	0.788
满意 （RQ2）	RQ21	3.750	0.875	3.640	0.801
	RQ22	3.660	0.741	3.720	0.786
	RQ23	3.770	0.903	3.590	0.819
承诺 （RQ3）	RQ31	3.580	0.844	3.620	0.820
	RQ32	3.590	0.792	3.670	0.849
	RQ33	3.660	0.812	3.750	0.867
相互依赖 （RQ4）	RQ41	3.660	0.840	3.650	0.816
	RQ42	3.590	0.781	3.670	0.819
	RQ43	3.700	0.783	3.740	0.782
知识共享 行为 （KS1）	KS11	3.590	0.688	3.590	0.811
	KS12	3.560	0.704	3.580	0.765
	KS13	3.550	0.859	3.610	0.727
知识共享 效果 （KS2）	KS21	3.540	0.629	3.580	0.786
	KS22	3.470	0.712	3.530	0.848
	KS23	3.400	0.711	3.460	0.822
	KS24	3.430	0.767	3.420	0.882
显性知识 转移 （KT1）	KT11	3.400	0.741	3.500	0.823
	KT12	3.350	0.738	3.370	0.764
	KT13	3.260	0.712	3.380	0.759
隐性知识 转移 （KT2）	KT21	3.240	0.695	3.300	0.763
	KT22	3.290	0.729	3.420	0.845
	KT23	3.380	0.895	3.430	0.991

指标		效率型研发外包模式（N = 235）		创新型研发外包模式（N = 189）	
		均值	标准差	均值	标准差
市场感知能力（DA1）	DA11	3.420	0.749	3.440	0.724
	DA12	3.330	0.767	3.500	0.769
	DA13	3.430	0.762	3.540	0.834
组织学习吸收能力（DA2）	DA21	3.400	0.791	3.520	0.835
	DA22	3.450	0.779	3.440	0.746
	DA23	3.400	0.775	3.590	0.862
整合重构能力（DA3）	DA31	3.170	0.886	3.630	0.812
	DA32	3.420	0.749	3.440	0.787
	DA33	3.430	0.794	3.530	0.829
企业创新绩效（IP）	IP1	3.650	0.914	3.680	0.652
	IP2	3.460	0.854	3.570	0.738
	IP3	3.440	0.853	3.590	0.771
	IP4	3.580	0.995	3.840	0.806
	IP5	3.660	0.869	3.760	0.849

在关系质量方面，效率型研发外包模式下研发供应商会负责企业更多业务，并能够更有效率地完成研发工作，同时发包方企业更能够获得预期的利益。但创新型研发外包模式为主导的企业在关系质量的其他测量指标上均要优于效率型研发外包模式为主导的企业。

在知识共享方面，两种研发外包模式下外包双方共享一些能以文件形式结构化的知识的意愿相同；效率型研发外包模式下外包双方共享这类能以文件形式结构化的知识的频率相对更高，且企业通过知识共享获得的知识对开展业务更有用。在知识共享的其他测量指标上，创新型研发外包模式为主导的企业的同意程度都要明显高于效率型研发外包模式为主导的企业。

在知识转移方面，创新型研发外包模式下研发供应商能够提供更完整的产品使用手册、设计规范等文件，并通过多种方式更及时传递产品需求和开发等知识。外包双方会就产业发展趋势、竞争对手和顾客的知识等信息进行更多交流。企业也会向研发供应商学习更多的技术经验、诀窍等，并了解研发供应商所需服务等知识。

在动态能力方面，效率型研发外包模式为主导的企业更注重记录并积累点滴的知识和经验。创新型研发外包模式为主导的企业更关注研发供应商和竞争者的创新行为，以及科学技术领域的最新成果，更愿意通过多种途径及时了解行业发展动态，也更注重通过外部获取知识、经验和咨询意见等，并整理、保存并使用知识和经验。此外，效率型研发外包模式下企业整合重组现有的资源、快速再设计内部工作流程和程序以及调整内外关系网络和网络沟通方式的能力都相对更弱。

在企业创新绩效方面，与国内同行主要竞争者相比，创新型研发外包模式为主导的企业在新产品数量、专利申请量、新产品销售额占比、新产品开发速度以及创新产品成功率等 5 个方面都比效率型研发外包模式为主导的企业更具优势。

5.3.2　信度与效度检验

第一，信度检验。本书采用 Cronbach's α 系数检验不同研发外包模式的企业样本数据的信度，结果表明效率型研发外包模式和创新型研发外包模式的样本的信度系数值分别为 0.974、0.977。由此得出本研究所使用的两组样本数据的可信度均较高，可以认为两组样本数据都通过了信度检验。各变量的信度检验结果如表 5-2 和表 5-3 所示。

第二，效度检验。本书采用因子分析法检验各项观测变量的结构效度。从样本数据的 KMO 检验结果来看，研发外包模式和创新型研发外包模式样本的所有观察变量的 KMO 值分别为 0.959、0.961。Bartlett 球形检验结果表明，所有观察变量的卡方数值的显著性概率均为 0.000。由此可以认为两组样本数据均通过了 KMO 检验和 Bartlett 球形检验。再采用极大方差法并根据特征值大于 1 的原则对两组样本数据提取公因子，其结果表明，各项观察变量的因素负荷量均大于 0.50，并且累计解释方差均在 50% 以上，由此可得所有样本数据都通过了效度检验。各变量的效度检验结果见表 5 - 2 和表 5 - 3。

表 5 - 2　　　　　各变量的信度与效度检验结果 ($N = 235$)

变量名称	Cronbach's α 系数	KMO 值	Bartlett 卡方值	测量题项	因子负载	累计方差解释率（%）	显著性水平
关系质量（RQ）	0.967	0.951	3255.429	RQ11	0.876	86.771	0.000
				RQ12	0.872		
				RQ13	0.863		
				RQ21	0.774		
				RQ22	0.794		
				RQ23	0.840		
				RQ31	0.711		
				RQ32	0.757		
				RQ33	0.837		
				RQ41	0.770		
				RQ42	0.716		
				RQ43	0.826		
知识共享（KS）	0.823	0.898	725.902	KS11	0.781	71.389	0.000
				KS12	0.738		
				KS13	0.890		
				KS21	0.726		
				KS22	0.686		
				KS23	0.748		
				KS24	0.773		
知识转移（KT）	0.879	0.880	674.094	KT11	0.743	73.698	0.000
				KT12	0.798		
				KT13	0.773		
				KT21	0.728		
				KT22	0.689		
				KT23	0.758		

续表

变量名称	Cronbach's α 系数	KMO 值	Bartlett 卡方值	测量题项	因子负载	累计方差解释率（%）	显著性水平
动态能力（DA）	0.894	0.922	1252.597	DA11	0.798	71.369	0.000
				DA12	0.781		
				DA13	0.733		
				DA21	0.889		
				DA22	0.847		
				DA23	0.724		
				DA31	0.669		
				DA32	0.718		
				DA33	0.739		
企业创新绩效（IP）	0.866	0.876	806.015	IP1	0.783	84.065	0.000
				IP2	0.764		
				IP3	0.815		
				IP4	0.847		
				IP5	0.769		

表 5 - 3　　　　各变量的信度与效度检验结果（$N = 189$）

变量名称	Cronbach's α 系数	KMO 值	Bartlett 卡方值	测量题项	因子负载	累计方差解释率（%）	显著性水平
关系质量（RQ）	0.963	0.918	2514.403	RQ11	0.825	90.477	0.000
				RQ12	0.868		
				RQ13	0.892		
				RQ21	0.743		
				RQ22	0.874		
				RQ23	0.850		
				RQ31	0.787		
				RQ32	0.811		
				RQ33	0.797		
				RQ41	0.828		
				RQ42	0.833		
				RQ43	0.789		

续表

变量名称	Cronbach's α 系数	KMO 值	Bartlett 卡方值	测量题项	因子负载	累计方差解释率（％）	显著性水平
知识共享（KS）	0.830	0.878	392.222	KS11	0.868	71.008	0.000
				KS12	0.812		
				KS13	0.723		
				KS21	0.705		
				KS22	0.757		
				KS23	0.679		
				KS24	0.753		
知识转移（KT）	0.849	0.873	407.269	KT11	0.873	77.986	0.000
				KT12	0.735		
				KT13	0.788		
				KT21	0.727		
				KT22	0.857		
				KT23	0.752		
动态能力（DA）	0.893	0.918	748.125	DA11	0.723	77.324	0.000
				DA12	0.723		
				DA13	0.872		
				DA21	0.831		
				DA22	0.819		
				DA23	0.785		
				DA31	0.691		
				DA32	0.800		
				DA33	0.825		

续表

变量名称	Cronbach's α 系数	KMO 值	Bartlett 卡方值	测量题项	因子负载	累计方差解释率（%）	显著性水平
企业创新绩效（IP）	0.908	0.884	592.793	IP1	0.789	89.116	0.000
				IP2	0.799		
				IP3	0.840		
				IP4	0.861		
				IP5	0.881		

5.4　结构方程模型分析

5.4.1　结构方程建模

本书设计的调查问卷采用的是李克特量表形式，但通过实地调查获得的样本数据并不能直接度量。假如在实证研究中运用传统的统计分析方法，将难以得到较理想的分析结果。而结构方程模型既可以同时进行多个变量之间的关系探讨、预测及变量间因果模型的路径分析，又能允许外衍变量和内衍变量存在测量误差或残差项，还可以检验假设模型的适配度。因此，本书运用 SPSS20.0 统计分析软件建立了包含 424 份有效样本数据的数据库，接着将这些样本数据导入 AMOS20.0 统计分析软件进行实证分析。图 5 - 2 是研发外包模式调节下关系质量对企业创新绩效影响的结构方程模型。

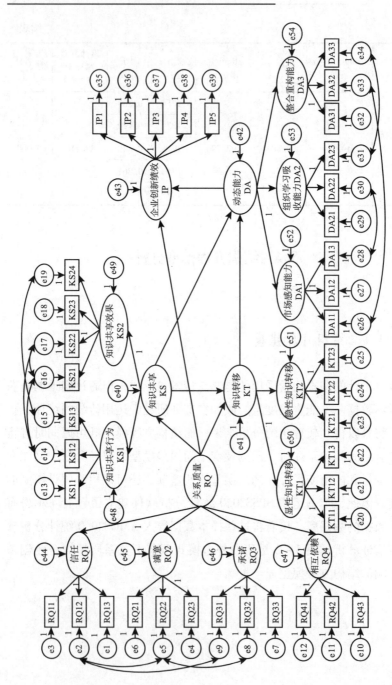

图5-2 研发外包模式调节下关系质量对企业创新绩效影响的结构方程模型

5.4.2　模型的拟合优度分析

本书主要运用 8 项重要的拟合指标来检验构建的结构方程模型的拟合指标参数，通过比较拟合指标的输出值和参考值，以此判断模型与样本数据的拟合程度。基于 424 份企业样本数据，并采用 AMOS20.0 统计分析软件对建立的结构方程模型进行计算分析，进而得到反映不同研发外包模式下关系质量对企业创新绩效影响的结构方程模型的拟合程度的8 项拟合指标数值（见表 5 - 4 和表 5 - 5）。可以看出，8 项拟合指标的输出值都在可以接受的范围内，表明构建的结构方程模型与样本数据在整体上能够实现较好的拟合。

表 5 - 4　　效率型研发外包模式下关系质量对企业创新绩效影响的
结构方程模型的适配度检验结果（$N = 235$）

拟合指标	$\dfrac{\chi^2}{df}$	AGFI	IFI	CFI	TLI	PNFI	RMR	RMSEA
显示值	1.511	0.885	0.934	0.934	0.928	0.881	0.026	0.035
参考值	<3.00	>0.80	>0.90	>0.90	>0.90	>0.50	<0.05	<0.08

表 5 - 5　　创新型研发外包模式下关系质量对企业创新绩效影响的
结构方程模型的适配度检验结果（$N = 189$）

拟合指标	$\dfrac{\chi^2}{df}$	AGFI	IFI	CFI	TLI	PNFI	RMR	RMSEA
显示值	1.452	0.834	0.916	0.915	0.907	0.852	0.021	0.033
参考值	<3.00	>0.80	>0.90	>0.90	>0.90	>0.50	<0.05	<0.08

本书利用不同研发外包模式的企业样本来测定结构方程模型的路径系数，进而得到两种研发外包模式下关系质量对企业创新绩效作用机制的结构方程模型的路径估计结果，如表 5 - 6 所示。可以看出，在创新型研发外包模式下，变量之间的 5 条路径"关系质量→知识共享""关

系质量→知识转移""知识共享→知识转移""知识转移→动态能力"以及"动态能力→企业创新绩效"的路径系数值都明显更高。相较效率型研发外包模式，创新型研发外包模式为主导的企业受到各变量的影响更显著。换言之，在不同的研发外包模式下，关系质量对企业创新绩效的影响机制存在差异。

表 5-6　　不同研发外包模式下关系质量对企业创新绩效影响的
结构方程模型的路径估计结果

研发外包模式	结构方程模型路径	标准化路径系数
效率型研发外包模式	关系质量→企业创新绩效	0.246
	关系质量→知识共享	0.697***
	关系质量→知识转移	0.624***
	知识共享→知识转移	0.498***
	知识共享→动态能力	0.329***
	知识转移→动态能力	0.874***
	动态能力→企业创新绩效	0.558***
创新型研发外包模式	关系质量→企业创新绩效	0.359***
	关系质量→知识共享	0.780***
	关系质量→知识转移	0.762***
	知识共享→动态能力	0.445***
	知识共享→知识转移	0.591***
	知识转移→动态能力	0.892***
	动态能力→企业创新绩效	0.683***

注：*** 表示 $p < 0.001$。

由于模型中各变量之间的关系包括了直接影响和间接影响两类，需要对模型进行效应分解，以得到确认模型的直接效应、间接效应和总效应。因此，本书分别将两种研发外包模式下关系质量、知识共享、知识转移、动态能力等 4 个变量对企业创新绩效的影响效应进行分解，结果如表 5-7 和表 5-8 所示。

表 5 – 7　　　　效率型研发外包模式下各变量对企业创新绩效的
作用效应（$N = 235$）

路径	直接效应	间接效应	总体效应
动态能力→企业创新绩效	0.558	0.000	0.558
关系质量→知识共享→动态能力→企业创新绩效	0.000	0.128 （$0.697 \times 0.329 \times 0.558$）	0.601
关系质量→知识共享→知识转移→动态能力→企业创新绩效	0.000	0.169 （$0.697 \times 0.498 \times 0.874 \times 0.558$）	
关系质量→知识转移→动态能力→企业创新绩效	0.000	0.304 （$0.624 \times 0.874 \times 0.558$）	

表 5 – 8　　　　创新型研发外包模式下各变量对企业创新绩效的
作用效应（$N = 189$）

路径	直接效应	间接效应	总体效应
关系质量→企业创新绩效	0.359	0.000	0.359
动态能力→企业创新绩效	0.683	0.000	0.683
关系质量→知识共享→动态能力→企业创新绩效	0.000	0.237 （$0.780 \times 0.445 \times 0.683$）	0.982
关系质量→知识共享→知识转移→动态能力→企业创新绩效	0.000	0.281 （$0.780 \times 0.591 \times 0.892 \times 0.683$）	
关系质量→知识转移→动态能力→企业创新绩效	0.000	0.464 （$0.762 \times 0.892 \times 0.683$）	

　　根据表 5 – 7 可知，在效率型研发外包模式下，动态能力对企业创新绩效的直接效应为 0.558；关系质量对企业创新绩效不具有直接效应，但间接效应达到了 0.601，略高于动态能力对企业创新绩效的直接效应。其中，通过知识共享到动态能力产生的间接效应为 0.297，通过知识转移到动态能力产生的间接效应为 0.304。由此可以认为效率型研发外包模式下关系质量是影响企业创新绩效的关键变量。

　　从表 5 – 8 可以看出，在创新型研发外包模式下，动态能力对企业创新绩效的直接效应为 0.683；关系质量对企业创新绩效的直接效应为 0.359，且间接效应达到 0.982，明显高于动态能力对企业创新绩效的直接效应。其中，通过知识共享到动态能力产生的间接效应为 0.518，通过知识转移到动态能力产生的间接效应为 0.464。由此可以认为创新型研发外包模式下关系质量是影响企业创新绩效的关键变量。

5.4.3 模型参数值估计结果分析

本书根据图 5 - 2，运用 AMOS20.0 统计分析软件分别对两种研发外包模式的企业样本数据进行计算，进而得到效率型与创新型研发外包模式下关系质量对企业创新绩效影响的标准化参数值估计模型图，分别如图 5 - 3 和图 5 - 4 所示。结果显示，两种研发外包模式下，变量之间的 6 条路径"关系质量→知识共享""关系质量→知识转移""知识共享→知识转移""知识共享→动态能力""知识转移→动态能力"以及"动态能力→企业创新绩效"的路径系数均通过了显著性检验。

由 e2↔e5 路径结果可知，两个群组均达到了显著性水平，协方差分别为 0.008、0.035，表明两种研发外包模式下变量 RQ12 与 RQ22 之间均存在正向共变关系。如果外包双方在任何时候都是忠实的朋友，那么当发包方企业在项目中遇到问题时，研发供应商都能够及时解决，且创新型研发外包模式为主导的企业受到的影响更明显。e2↔e9 路径结果显示，两个群组均达到了显著性水平，协方差分别为 0.004、0.029，说明两种研发外包模式下变量 RQ12 与 RQ31 之间均存在正向共变关系。如果外包双方在任何时候都是忠实的朋友，则研发供应商能够信守诺言，且效率型研发外包模式为主导的企业受到的影响相对较小。从 e5↔e8 路径结果来看，两个群组均达到了显著性水平，协方差分别为 0.013、0.008，表明两种研发外包模式下变量 RQ22 与 RQ32 之间均存在正向共变关系。如果企业在项目中遇到问题时，研发供应商能够及时解决，则外包双方具有保持长期合作的意愿，且效率型研发外包模式为主导的企业更容易受到二者间关系的影响。

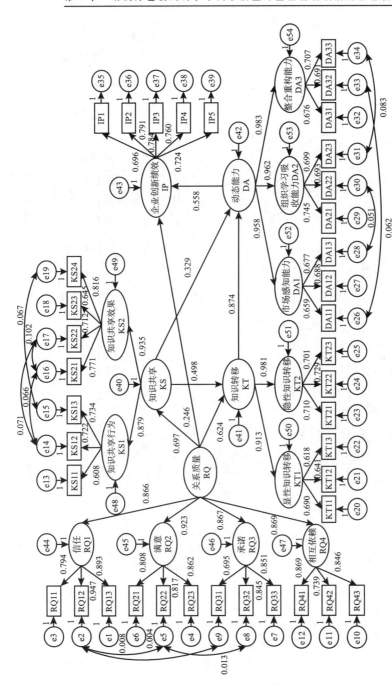

图5-3　效率型研发外包模式下关系质量对企业创新绩效影响的标准化参数值估计模型

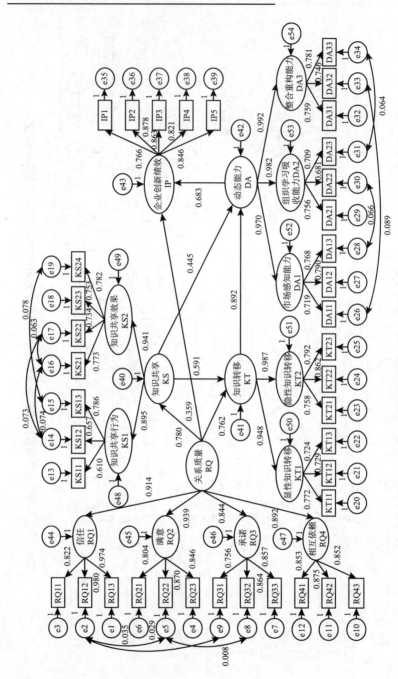

图5—4 创新型研发外包模式下关系质量对企业创新绩效影响的标准化参数估计模型

e14↔e16 路径结果显示，两个群组均通过了显著性检验，协方差分别为 0.066、0.074，表明两种研发外包模式下变量 KS12 与 KS21 之间均存在正向共变关系。假如外包双方能够经常共享一些以文件形式结构化的知识，则发包方企业可以通过知识共享获取很多知识，且创新型研发外包模式为主导的企业受到的影响更大。由 e14↔e17 路径结果可知，两个群组均通过了显著性检验，协方差分别为 0.071、0.073，表明两种研发外包模式下变量 KS12 与 KS22 之间均存在正向共变关系。假如外包双方能够经常共享一些以文件形式结构化的知识，则创新型研发外包模式为主导的企业通过知识共享获得的知识的完整性更佳。

e15↔e19 路径结果显示，两个群组均通过了显著性检验，协方差分别为 0.067、0.078，表明两种研发外包模式下变量 KS13 与 KS24 之间均存在正向共变关系。如果外包双方都会尽可能地为企业间的学习和交流创造机会，那么创新型研发外包模式为主导的企业通过知识共享获得的知识对其开展业务也更有用。由 e16↔e17 路径结果可得，两个群组均通过了显著性检验，协方差分别为 0.102、0.063，表明两种研发外包模式下变量 KS21 与 KS22 之间均存在正向共变关系。如果企业通过知识共享获取了很多能以文件形式结构化的知识，则效率型研发外包模式为主导的企业通过知识共享获得的知识也会更完整。

从 e26↔e33 路径结果来看，两个群组均达到了显著性水平，协方差分别为 0.062、0.089，表明两种研发外包模式下变量 DA11 与 DA32 之间均存在正向共变关系。如果发包方企业密切关注研发供应商和竞争者的创新行为，则其具备对内部工作流程和程序进行快速再设计的能力。相比效率型研发外包模式为主导的企业，创新型研发外包模式为主导的企业受到的影响更突出。由 e28↔e30 路径结果可得，两个群组均达到了显著性水平，协方差分别为 0.051、0.066，表明两种研发外包模式下变量 DA13 与 DA22 之间均存在正向共变关系。发包方企业通过多种途径及时了解本行业发展动态的同时，也会注重记录并积累点滴的知识和经验，且创新型研发外包模式为主导的企业表现得更明显。e31↔e34 路径结果显示，两个群组均达到了显著性水平，协方差分别为

0.083、0.064，表明两种研发外包模式下变量 DA23 与 DA33 之间均存在正向共变关系。如果发包方企业注重整理、保存并使用知识和经验，则其能够快速调整内外关系网络和网络沟通方式，且效率型研发外包模式为主导的企业受到的影响要明显大于创新型研发外包模式为主导的企业。

本书根据结构方程模型的输出结果获得效率型与创新型两种研发外包模式下关系质量对企业创新绩效影响的测量模型中潜在变量与观测变量间的标准化路径估计结果，如表 5-9 所示。结果表明各标准化路径系数位于 0.608~0.980 的区间范围内，且 P 值均小于 0.001，可以认为测量模型中的所有观测变量都能够较好地解释潜在变量。以下分别从关系质量、知识共享、知识转移、动态能力和企业创新绩效等 5 个方面分析两种研发外包模式下潜在变量与观测变量之间的影响效应差异。

表 5-9　　不同研发外包模式下关系质量对企业创新绩效影响的
测量模型的标准化路径估计结果

测量模型路径	效率型研发外包模式 （$N=235$）	创新型研发外包模式 （$N=189$）
	标准化路径系数	标准化路径系数
RQ11←信任	0.794 ***	0.822 ***
RQ12←信任	0.947 ***	0.980 ***
RQ13←信任	0.893 ***	0.974 ***
RQ21←满意	0.808 ***	0.804 ***
RQ22←满意	0.817 ***	0.870 ***
RQ23←满意	0.862 ***	0.846 ***
RQ31←承诺	0.695 ***	0.756 ***
RQ32←承诺	0.845 ***	0.864 ***
RQ33←承诺	0.851 ***	0.857 ***
RQ41←相互依赖	0.869 ***	0.853 ***
RQ42←相互依赖	0.739 ***	0.875 ***

续表

测量模型路径	效率型研发外包模式 ($N = 235$)	创新型研发外包模式 ($N = 189$)
	标准化路径系数	标准化路径系数
RQ43←相互依赖	0. 846 ***	0. 852 ***
KS11←知识共享行为	0. 608 ***	0. 610 ***
KS12←知识共享行为	0. 722 ***	0. 657 ***
KS13←知识共享行为	0. 734 ***	0. 786 ***
KS21←知识共享效果	0. 771 ***	0. 773 ***
KS22←知识共享效果	0. 712 ***	0. 734 ***
KS23←知识共享效果	0. 645 ***	0. 753 ***
KS24←知识共享效果	0. 816 ***	0. 782 ***
KT11←显性知识转移	0. 690 ***	0. 772 ***
KT12←显性知识转移	0. 641 ***	0. 729 ***
KT13←显性知识转移	0. 618 ***	0. 724 ***
KT21←隐性知识转移	0. 710 ***	0. 758 ***
KT22←隐性知识转移	0. 729 ***	0. 862 ***
KT23←隐性知识转移	0. 701 ***	0. 792 ***
DA11←市场感知能力	0. 659 ***	0. 719 ***
DA12←市场感知能力	0. 688 ***	0. 790 ***
DA13←市场感知能力	0. 677 ***	0. 768 ***
DA21←组织学习吸收能力	0. 745 ***	0. 756 ***
DA22←组织学习吸收能力	0. 693 ***	0. 681 ***
DA23←组织学习吸收能力	0. 699 ***	0. 709 ***
DA31←整合重构能力	0. 676 ***	0. 759 ***
DA32←整合重构能力	0. 691 ***	0. 746 ***
DA33←整合重构能力	0. 707 ***	0. 781 ***
IP1←企业创新绩效	0. 696 ***	0. 766 ***
IP2←企业创新绩效	0. 791 ***	0. 878 ***

测量模型路径	效率型研发外包模式 （$N = 235$）	创新型研发外包模式 （$N = 189$）
	标准化路径系数	标准化路径系数
IP3←企业创新绩效	0.784 ***	0.863 ***
IP4←企业创新绩效	0.760 ***	0.821 ***
IP5←企业创新绩效	0.724 ***	0.846 ***

注： *** 表示 $p < 0.001$。

在关系质量方面，两种研发外包模式的企业样本的各项测量指标均达到显著性水平，且标准化路径系数值都较高，最大值和最小值分别为0.980、0.695。在信任维度上，效率型研发外包模式为主导的企业与研发供应商之间的信任受到 3 个观测变量的影响程度都明显低于创新型研发外包模式为主导的企业。两种研发外包模式下，外包双方彼此忠诚对企业间信任程度的影响都最大。创新型研发外包模式为主导的企业更注重双方实事求是、平等对待地商谈业务，以及实现双赢。在满意维度上，效率型研发外包模式为主导的企业更重视预期利益和研发供应商工作效率，而创新型研发外包模式为主导的企业更在意当其在项目中遇到问题时，研发供应商是否能够及时解决。在承诺维度上，三项测量指标对创新型研发外包模式为主导的企业的影响都更明显。创新型研发外包模式为主导的企业间的承诺最容易受到外包双方保持长期合作的意愿的影响，而效率型研发外包模式为主导的企业受到外包双方间良好的外包关系的维护的影响最大。在相互依赖维度上，效率型研发外包模式为主导的企业更可能会将其多项业务外包给研发供应商，因而这一测量指标对该模式为主导的企业影响更突出。而研发供应商支持和管理企业的核心业务的程度对创新型研发外包模式为主导的企业间相互依赖性的影响更直接。

在知识共享方面，两种研发外包模式的企业样本的各项测量指标均达到显著性水平，标准化路径系数最大值和最小值分别为 0.816、

0.608。在知识共享行为上，两种研发外包模式的企业受到外包双方共享一些能以文件形式结构化的知识的意愿的影响都最小，但外包双方对这类能以文件形式结构化的知识的共享程度对效率型研发外包模式为主导的企业间的知识共享行为的影响更明显。创新型研发外包模式为主导的企业更关注外包双方为企业间的学习和交流尽力创造机会的程度。在知识共享效果上，企业通过知识共享获得的知识对其业务开展的有用性对两种研发外包模式的企业的影响都最显著，其次是企业通过知识共享获取以文件形式结构化的知识的程度。但效率型研发外包模式为主导的企业受到知识有用性的影响更明显。

在知识转移方面，两种研发外包模式的企业样本的各项测量指标均通过显著性检验，标准化路径系数最大值和最小值分别为 0.862、0.641。并且，6 项测量指标对创新型研发外包模式为主导的企业间知识转移的影响都更明显。在显性知识转移上，两种研发外包模式的企业均受到研发供应商提供完整的产品使用手册、设计规范等文件程度的影响最大，其次是研发供应商对产品需求和开发等知识的传递，外包双方交流产业发展趋势等信息的影响最小。在隐性知识转移上，两种研发外包模式的企业受到其向研发供应商学习技术经验和诀窍的程度影响均最明显。效率型研发外包模式为主导的企业更注重外包双方对竞争对手和顾客知识的交流，而创新型研发外包模式为主导的企业更侧重对研发供应商所需服务等知识的了解。

在动态能力方面，两种研发外包模式的企业样本的各项测量指标均通过显著性检验，标准化路径系数最大值和最小值分别为 0.790、0.659。在 12 项测量指标中，除企业对记录并积累点滴的知识和经验的重视程度外的 11 项测量指标对创新型研发外包模式为主导的企业的影响都更明显。在市场感知能力上，两种研发外包模式的企业都会时刻关注科学技术领域的最新成果，并通过多种途径及时了解本行业的发展动态，而两类企业对研发供应商和竞争者的创新行为的关注度相对较低。在组织学习吸收能力上，两种研发外包模式的企业都非常注重通过外部获取知识、经验和咨询意见，以及整理、保存并使用知识和经验。在整合重构能力上，两种研发外包模式的企业均受到快速调整内外关系网络和网络沟通方式能力的影响最大。快速再设计内部工作流程和程序的能力对效率型研发外包模式为主导的企业整合重构能力的影响要明显高于有效地整合重组现有的资源能力对其的影响。创新型研发外包模式下企业的整合重构能力更容易受到快速再设计内部工作流程和程序的能力的影响。

在企业创新绩效方面，两种研发外包模式的企业样本的各项测量指标都通过显著性检验，标准化路径系数最大值和最小值分别为 0.846、0.696。所有测量指标对创新型研发外包模式为主导的企业的创新绩效的影响都更明显。与国内同行主要竞争者相比，近三年两种研发外包模式的企业的专利申请量对其创新绩效的影响都最大，其次是新产品销售额占比，新产品数量的影响相对较小。

5.5　假设检验与结果讨论

5.5.1　路径假设检验

表 5 - 10 反映了不同研发外包模式下关系质量对企业创新绩效影响的结构方程模型的路径系数和假设检验情况。从路径"关系质量→企业创新绩效"的检验结果来看，效率型研发外包模式下该路径的系数值为 0.246，但没有通过显著性检验；创新型研发外包模式下该路径的系数值为 0.359，且通过了显著性检验。这说明不同研发外包模式下关系质量对企业创新绩效的直接影响效应存在明显的差异性，相比效率型研发外包模式，创新型研发外包模式下关系质量对企业创新绩效的影响更明显。假设 H10a 得到支持。

表 5 - 10　　　　　研发外包模式调节下关系质量对企业
创新绩效影响模型的路径系数与假设检验

路径	路径系数		对应假设	检验结果
	效率型研发外包模式	创新型研发外包模式		
关系质量→企业创新绩效	0.246	0.359 ***	假设 H10a	支持
关系质量→知识共享	0.697 ***	0.780 ***	假设 H10b	支持
关系质量→知识转移	0.624 ***	0.762 ***	假设 H10c	支持
知识共享→知识转移	0.498 ***	0.591 ***	假设 H10d	支持
知识共享→动态能力	0.329 ***	0.445 ***	假设 H10e	支持
知识转移→动态能力	0.874 ***	0.892 ***	假设 H10f	支持
动态能力→企业创新绩效	0.558 ***	0.683 ***	假设 H10g	支持

注：*** 表示 $p < 0.001$。

路径"关系质量→知识共享"的检验结果显示，效率型研发外包模式下该路径的系数值为 0.697，创新型研发外包模式下该路径的系数值为 0.780，且均通过了显著性检验。这说明不同研发外包模式下关系质量对知识共享的影响效应存在明显的差异性，相比效率型研发外包模式，创新型研发外包模式下关系质量对知识共享的影响更明显。假设 H10b 得到支持。

路径"关系质量→知识转移"的检验结果显示，效率型研发外包模式下该路径的系数值为 0.624，创新型研发外包模式下该路径的系数值为 0.762，且都通过了显著性检验。这表明不同研发外包模式下关系质量对知识转移的影响效应存在明显的差异性，相比效率型研发外包模式，创新型研发外包模式下关系质量对知识转移的影响更明显。假设 H10c 得到支持。

路径"知识共享→知识转移"的检验结果显示，效率型研发外包模式下该路径的系数值为 0.498，创新型研发外包模式下该路径的系数值为 0.591，且都通过了显著性检验。这表明不同研发外包模式下知识共享对知识转移的影响效应存在明显的差异性，相比效率型研发外包模式，创新型研发外包模式下知识共享对知识转移的影响更明显。假设 H10d 得到支持。

路径"知识共享→动态能力"的检验结果显示，效率型研发外包模式下该路径的系数值为 0.329，创新型研发外包模式下该路径的系数值为 0.445，且都通过了显著性检验。这表明不同研发外包模式下知识共享对动态能力的影响效应存在明显的差异性，相比效率型研发外包模式，创新型研发外包模式下知识共享对动态能力的影响更明显。假设 H10d 得到支持。

路径"知识共享→动态能力"的检验结果显示，效率型研发外包模式下该路径的系数值为 0.874，创新型研发外包模式下该路径的系数值为 0.892，且都通过了显著性检验。这表明不同研发外包模式下知识转移对动态能力的影响效应存在明显的差异性，相比效率型研发外包模式，创新型研发外包模式下知识转移对动态能力的影响更明显。假设 H10f 得到支持。

路径"动态能力→企业创新绩效"的检验结果显示，效率型研发外包模式下该路径的系数值为 0.558，创新型研发外包模式下该路径的系数值为 0.683，且都通过了显著性检验。这表明不同研发外包模式下动态能力对企业创新绩效的影响效应存在明显的差异性，相比效率型研发外包模式，创新型研发外包模式下动态能力对企业创新绩效的影响更明显。假设 H10g 得到支持。

5.5.2　研究结果讨论

通过研究发现，不同研发外包模式下关系质量对企业创新绩效的影响机制存在明显的差异性。关系质量对企业创新绩效的直接影响的检验结果显示，创新型研发外包模式下关系质量对企业创新绩效具有显著的直接正向影响，但效率型研发外包模式下关系质量对企业创新绩效的直接促进作用并不显著。关系质量对企业创新绩效的间接影响的检验结果表明，在路径"关系质量→知识共享""关系质量→知识转移""知识共享→知识转移""知识共享→动态能力""知识转移→动态能力"和"动态能力→企业创新绩效"中，创新型研发外包模式为主导的企业受到的影响作用均明显高于效率型研发外包模式为主导的企业受到的影响。

从关系质量的具体指标来看，研发外包双方间信任水平受到彼此忠诚程度的影响都最大，但创新型研发外包模式为主导的企业更注重双方实事求是、平等对待地商谈业务，以及实现双赢；创新型研发外包模式为主导的企业的满意度最容易受到研发供应商解决其在项目中遇到问题的及时性影响，而效率型研发外包模式为主导的企业受到预期利益和研发供应商工作效率两项指标的影响都更明显；外包双方保持长期合作的意愿对创新型研发外包模式为主导的企业承诺水平的影响最突出，而双方间良好外包关系的维护程度对效率型研发外包模式为主导的企业承诺水平的影响最明显；研发供应商负责企业外包业务的数量对效率型研发外包模式下的企业间相互依赖性的影响更直接，创新型研发外包模式下的企业间相互依赖性受到研发供应商支持和管理企业核心业务程度的影响更明显。

从知识共享的具体指标来看，效率型研发外包模式下企业间知识共享行为受到能以文件形式结构化的知识共享程度影响更显著，外包双方为企业间学习与交流创造机会的尽力程度对创新型研发外包模式下企业间知识共享行为的影响更大。效率型研发外包模式下企业间知识共享效果受到知识有用性的影响也更明显。从知识转移的具体指标来看，效率型研发外包模式下企业间隐性知识转移程度更容易受到外包双方对竞争对手和顾客知识的交流水平的影响，企业对研发供应商所需服务等知识的了解程度对创新型研发外包模式下企业间隐性知识转移程度的影响更大。从动态能力的具体指标来看，效率型研发外包模式为主导的企业的整合重构能力受到其对记录并积累点滴的知识和经验的重视程度的影响更明显，其余测量指标对创新型研发外包模式为主导的企业的影响都更直接。从企业创新绩效的具体指标来看，所有测量指标对创新型研发外包模式为主导的企业创新绩效的影响都更显著。

综上所述，对创新型研发外包模式为主导的企业而言，其与研发供应商之间良好的关系质量能够对其创新绩效起到显著的直接促进作用。不同研发外包模式为主导的企业与研发供应商之间的关系质量都能够通过知识共享路径和知识转移路径显著地间接正向作用于企业创新绩效。但是，创新型研发外包模式下关系质量对企业创新绩效的间接影响效应更明显。按照关系质量的信任、满意、承诺和相互依赖等 4 个构成维度，通过引入知识共享、知识转移和动态能力 3 个中间变量，构建了研发外包模式调节下关系质量对企业创新绩效影响的结构方程模型，基于实证分析得到的研究结果对于不同研发外包模式为主导的企业的外包关系管理和创新绩效提升均具有重要的借鉴意义。

5.6　本 章 小 结

本章主要对研发外包中关系质量与企业创新绩效间关系的调节因素进行理论模型构建与实证分析。首先建立研发外包模式调节下关系质量对企业创新绩效影响的理论模型，接着运用 SPSS20.0 统计分析软件，分别对在中国 9 个服务外包示范城市获得的 235 个效率型研发外包模式和 189 个创新型研发外包模式为主导的企业样本数据进行了描述性统计、信度及效度检验等初步分析。建立研发外包模式调节下关系质量对企业创新绩效影响的结构方程模型，采用 AMOS20.0 统计分析软件对不同研发外包模式下关系质量对企业创新绩效影响的结构方程模型进行了估计和检验，分析研发外包模式调节作用下关系质量对企业创新绩效的影响机制差异，进一步得出效率型研发外包模式和创新型研发外包模式下各变量对企业创新绩效影响效应的差异性，讨论假设检验结果。

第 6 章

研发外包中促进关系质量对
企业创新绩效影响的策略

6.1 提高研发外包双方间关系质量水平的策略

在前面的章节中，本书基于研发外包理论、关系质量理论和动态能力理论，依次构建了研发外包中关系质量的前置因素、研发外包中关系质量对企业创新绩效作用机制、研发外包模式调节下关系质量对企业创新绩效影响的理论模型，并采用问卷调查和结构方程模型分析方法对提出的研究假设进行了实证检验。根据研究结果，本章将从提高研发外包双方间关系质量水平和提升研发外包中企业创新绩效两个方面，提出研发外包中促进关系质量对企业创新绩效影响的策略。

6.1.1 充分发挥关系专用性投资的作用

本书研究结果表明，在研发外包情境下，提高物质型关系专用性投资和知识型关系专用性投资程度，均能够对外包双方间关系质量起到显著的促进作用，且知识型关系专用性投资对关系质量的影响更大。投入的关系专用性投资越多，企业与研发供应商的合作关系越紧密，相互信任、承诺和依赖程度也越高，这有助于降低研发外包中的知识泄露风险。由于关系专用性投资存在高昂的转换成本，如果研发外包双方均愿意投入大量的关系专用性投资，则表明双方更倾向通过遵守合作规则来确保自身关系专用性投资价值，双方间将更可能建立起长期合作关系甚至是战略性伙伴关系。

在研发外包过程中，企业能够通过双边关系专用性投资获取溢出效应，吸收研发供应商在知识、技能、实物资产以及名誉等多方面的优势，从而实现自身创新能力升级。实物型关系专用性投资为外包双方的合作创新提供了必需的物质条件，增强了彼此间的信任感，并能够在短期内推动企业创新能力升级，但是该类型投资的成本较高，实物型资产会逐年损耗贬值，且可开发的潜在价值较低。因此，企业需要使用复杂化的正式契约条款对实物型关系专用性投资进行保护。知识型关系专用性投资能够为研发外包双方提供直接的知识来源，有助于企业与研发供应商建立关系网络实现资源和创新渠道共享，进而通过协同创新有效提升企业技术创新能力和技术创新效率。因此，企业应加快推进外包双方间知识型专用性投资，积极引进优质研发供应商的先进知识及管理经验，为自身经营决策的制定与实施提供良好的知识技能来源，进而增强企业自主创新能力。

为充分发挥双边关系专用性投资在研发外包中的价值创造效应，企业应尽早与研发供应商签订战略合作协议。一方面，对研发外包双方的权利与义务、外包关系管理中出现机会主义行为的处理方式及惩罚办法进行明确规定，促进双边锁定关系的形成，以此有效降低发包方企业投入更高水平的关系专用性投资可能面临的机会主义风险。另一方面，企业应提升对外包双方合作关系的承诺程度，进而获得较高水平的关系租金，以维持企业长期竞争优势。同时，还应制定更有效的措施来激励研发供应商提高对企业的关系专用性投资程度，促进人才、技术和知识在双方间的传递与共享。如果研发供应商与企业实力相当，企业就应该从资金、人力以及培训等方面提高对研发供应商的关系专用性投资程度，以确保关系专用性投资的对等性。只有当企业投入的关系专用性投资达到研发供应商经营目标的一定比例时，研发供应商对未来收益的预期和长期合作意愿才能得到增强，外包双方更有可能实现超额收益最大化。

6.1.2　强化研发供应商服务质量管理

本书研究结果表明，研发供应商高水平的服务质量是提升外包双方间关系质量的重要影响因素。研发供应商良好的声誉、高沟通质量和强大的技术能力，均能够显著促进研发外包双方间关系质量水平提升。其中，研发供应商的技术能力是研发外包双方间关系质量的关键因素，其次是沟通质量，再次是声誉。因此，在研发外包中，企业不一定要选择声誉最好的研发供应商，但需要具备长远发展的眼光，根据企业实际的研发需求，将研发供应商的技术能力作为首要准则，对研发供应商进行严格筛查，提高企业与最匹配的研发供应商建立合作关系的成功率，确保未来的合作质量与合作效率，从而顺利完成研发外包的预期目标。企业还可以建立研发供应商竞争机制，通过与多个研发供应商进行合作来防控研发供应商的机会主义行为，降低创新合作不确定性和知识泄露风险。当企业选取的研发供应商具备很强的竞争优势，能够抵消企业因实施多接包方战略而引发的固定成本与协调成本时，企业实施多接包方战略获得的外包效果将会明显优于单接包方战略。企业需要在确保有效的外包关系治理的前提下，适当扩大对异质性合作伙伴的选择范围，选取知识势差较大的研发供应商作为合作伙伴，吸收其更先进的知识与技术，以此提升研发外包合作创新绩效。

企业在与研发供应商保持紧密合作的同时，应积极应对研发供应商不能按企业计划实现技术成果产出的困境，不断探索方法措施激励研发供应商做出适应行为，更好地提供专业知识、技术和创新能力等资源服务，以保证其生产要素与企业研发需求相匹配，提高企业运营活动的效率和效果，从而为企业赢得竞争优势。企业应坚持公平交换和互惠互利规范，信守诺言并保持行为上的一致，以此获取研发供应商的信任。并通过增加采购量、签订长期采购合同等方式，促使研发供应商为获得更高的关系价值而做出关系承诺，进而为研发外包业务的开展提供质量保障。

此外，企业还应从合作初期侧重对研发供应商的激励与评估，转而探索构建行之有效的研发外包标准化流程，切实降低交易成本。在长期合作决策时，研发外包价格应成为合作双方考虑的次要因素。企业应改变当期收益最大化的惯性思维，更多地关注外包双方的长期共同价值，在资金、技术以及人员等方面为研发供应商提供有力支持，增强研发供应商运营能力，提升其对外包双方关系的满意度，推进长期双赢局面的形成。

6.2 提升研发外包中企业创新绩效的策略

6.2.1 建立知识共享激励机制

本书研究结果表明，研发外包双方间良好的关系质量，能够使双方对未来彼此间合作共赢有更高的预期，因而其会更愿意进行更高程度的知识共享；研发外包双方间知识共享程度越高，双方间的知识转移程度也越高。在研发外包中，企业需要向研发供应商共享其所具备的行业专业知识，以确保研发外包项目的顺利实施。同时，研发供应商对其所遇到的技术、硬件或人员等问题的解决会转化为研发供应商的知识进而增强其竞争优势，而这些知识对企业来说至关重要，研发供应商与企业共享这部分知识，既能增加外包双方的知识共享量，又能强化外包双方间知识的互补性。由于不同企业的知识基础和文化氛围存在明显差异，在企业与研发供应商知识共享过程中，需要准确地掌握研发外包双方的知识诉求，有效利用人工智能、物联网和云计算等信息技术，尽可能地削减研发外包双方间的知识共享障碍。

在研发外包中建立知识共享激励机制，首先需要完善关系契约机制，强化外包双方的知识共享意愿。通过在研发外包双方间建立高度信任，促使知识传授方进行更多的知识共享，形成双方稳定的长期合作关系，实现企业间知识共享的良性循环。通过多种正式与非正式的知识共享渠道，搭建知识共享平台，健全研发外包双方间的沟通机制，形成互动惯例。通过建立知识共享奖惩机制，鼓励和促进研发外包双方的知识共享行为。在双方签订的合同中要明确规定知识共享行为的奖励措施，设计科学合理的企业间知识共享评估体系，有效发挥关系契约的保障作用，加大对知识不共享行为的惩罚力度，营造以互惠互利为基础的知识共享氛围。政府和相关部门应不断完善知识产权保护机制，适度加大对研发外包产业的政策引导和管理力度，有效降低研发外包双方间知识共享的风险及成本，促进外包双方间知识共享的协同收益增加。

其次，应加快员工培训体系建设，增强研发外包双方的知识共享能力。对于知识传授方而言，应注重对其知识编码能力、知识交流能力以及知识展示能力的培训。既要确保复杂知识的简单化展示，使知识接收方能够对相关知识进行理解和准确吸收，又要避免由于不必要的知识溢出而引致传授方的知识共享风险。对于知识接收方而言，应加强对其知识吸收能力、外部知识评估能力以及知识运用能力的培训。通过提升接收方的知识解码能力，促使其有效地消化和吸收传授方共享的有价值的知识，同时增强其对吸收知识的实际运用能力。

6.2.2　构建知识转移激励机制

本书研究结果表明，研发外包双方间关系质量水平的提高，能够显著促进双方间显性知识和隐性知识转移；研发外包双方间的知识转移程度的提高，将有助于增强企业的动态能力。知识转移是研发外包双方开展工作的重要前提。在研发外包过程中，企业与研发供应商之间需要转移的知识包括四类：一是融入研发成果中的设计要求、技术标准和测试规范等项目知识；二是合作过程中产生的沟通记录、各类报告、管理规范等文档知识，以及最佳实践、技术诀窍等隐性知识；三是业务领域专业知识、流程知识，以及市场和技术需求知识等企业知识；四是研发供应商的知识和行业经验，即文档化的规范性知识、员工拥有的知识和经验，以及从行业知识库吸收的项目经验。相比隐性知识，显性知识能够编码，因而更容易被泄露，知识转移风险也更高。企业向研发供应商进行的知识转移具有明显的任务特定性，其知识转移程度应当以既能够确保研发供应商产出符合企业研发需求的技术成果，又不损害企业的长期竞争优势为准则。

研发外包双方间的知识转移程度取决于各自感知到的未来关系价值与违约诱惑的差距比较结果，是双方在权衡自身长期关系价值与短期违约利益后做出的理性决策。知识转移的主体特征、关系特征、知识属性和契约环境等因素也在不同程度上影响着研发外包双方间的知识转移效果。因此，企业应通过定期开展工作会议等方式，加强与研发供应商间的联系，促进相互信任与了解。通过加大相关的人力和物力投资，不断增强知识吸收能力，促进双方知识在转移过程中的有效转化，以及经验、技术诀窍等隐性知识的显性化处理，才能通过知识转移有效促进企业创新绩效提升。此外，企业还需要不断强化知识产权保护意识，注意保护其从研发供应商获得的知识，以消除研发供应商对知识泄露的担忧，增强其知识转移意愿，从而提升知识转移效率。

6.2.3 加强企业动态能力培育

本书研究结果表明，研发外包中企业动态能力的增强，能够显著促进其创新绩效提升。因此，企业应不断提升自身的市场感知能力、组织学习吸收能力和整合重构能力。在市场感知能力培育方面，企业应密切关注外部科技发展的新趋势，建立以市场为主导的技术创新体系，充分把握所在行业的研发供应商与竞争对手的技术创新走向，深度挖掘顾客新需求，并不断加大研发投入力度，对其自身有能力开发的新技术及市场进行准确识别，从而推进技术创新成果与产业链的有机结合。

具备强大的组织学习吸收能力的企业能够借助外部网络获得更多有

价值的信息和知识，进而更快地提升其创新绩效。在组织学习吸收能力培育方面，企业必须不断增强自身学习吸收能力，加速提高自身与不同知识类型特征的匹配程度，从而实现对外部知识的有效识别、获取、吸收及利用。应通过标杆学习、员工培训等方式，促进企业多样化先验知识的获取和积累。并通过增加企业研发支出和持续性创新等途径，推进企业研发活动深入开展。

在整合重构能力培育方面，企业首先需要尽快实现行业最新的知识和信息在企业内部员工之间有效沟通、分享并使用，推进新产品或新服务的设计进程，再通过适宜的商业模式创新，在满足目标市场客户需求的同时，还应关注客户卓越价值的实现程度。企业应将更大的自主决策权赋予企业内部职能部门，激发企业员工学习和整合新知识的积极性，不断强化企业对创新变革的长期激励，并注重将实际资源支持落实到位，从而使企业在动态变化的外部环境中能够及时并准确地调整资源基础和组织结构。

6.3　本 章 小 结

本章基于已有的理论和实证分析结果，从提高研发外包双方间关系质量水平和提升研发外包中企业创新绩效两个方面提出了相关建议。首先，根据研发外包双方间关系质量的前置因素的分析结果，提出了充分发挥关系专用性投资的作用和强化研发供应商服务质量管理来提高研发外包双方间关系质量水平的策略。其次，根据研发外包中关系质量影响企业创新绩效的两条路径（知识共享和知识转移），分别从建立知识共享激励机制、构建知识转移激励机制和加强企业动态能力培育的角度提出了促进研发外包中关系质量影响企业创新绩效的策略。

结　　论

本书围绕研发外包中关系质量对企业创新绩效的影响机制问题，通过对国内外有关研发外包、关系质量，以及关系质量与企业创新绩效间关系等相关文献的梳理和总结，提出了研发外包中关系质量对企业创新绩效的影响机制的研究框架，综合运用结构方程模型和多群组结构方程模型分析方法，首先分析了研发外包情境下关系质量对企业创新绩效的影响作用，其次分别从前置因素、中介因素和调节因素三个方面分析关系质量对企业创新绩效的影响机制。本书的主要结论和创新之处归纳如下：

（1）通过建立关系专用性投资、服务质量与关系质量间的关系模型，揭示了研发外包情境下企业与研发供应商间关系质量的驱动机制，是对研发外包领域关系质量前置因素的理论研究的有益补充。运用结构方程模型分析方法，构建了研发外包中关系质量的前置因素的结构方程模型，实证分析了关系专用性投资和服务质量的各维度对关系质量的异质性影响，相对于以往仅考察单一因素对企业间关系质量影响的研究成果而言也具有一定的创新性。通过研究发现，关系专用性投资和服务质量的各维度对关系质量均起到显著的正向作用，但影响程度存在明显差异。相比实物型关系专用性投资，知识型关系专用性投资对关系质量的影响更明显；在服务质量的 3 个构成维度中，技术能力对关系质量的影响最显著，其次是沟通质量，声誉的影响相对较小。该发现丰富了企业间关系质量的前置因素研究，深化了对关系专用性投资与服务质量对研发外包双方间关系质量的促进作用的认识，有助于后续研究更深入地理解知识型关系专用性投资力度，研发供应商的技术能力和沟通质量的提高对外包关系质量的提升具有重要影响。

（2）通过建立关系质量、知识共享、知识转移、动态能力与企业创新绩效间的关系模型，揭示了研发外包中关系质量对企业创新绩效的作用机制，创新性地提出了研发外包双方间关系质量对企业创新绩效的多元影响路径，完善了研发外包领域关系质量与创新绩效间关系的理论研究。运用结构方程模型分析方法，对研发外包中关系质量对企业创新绩效的作用机制的结构方程模型进行实证检验。通过研究发现，在研发外包情境下，企业的动态能力对其创新绩效具有显著的直接正向作用；关系质量对企业创新绩效的直接正向影响并不显著，但关系质量能够对企业创新绩效产生显著的间接影响，具体作用路径为：关系质量通过提高知识共享程度，促进企业的动态能力的提高，进而提升企业创新绩效；关系质量通过提高知识共享程度，推动企业间知识转移，进而增强企业动态能力，从而提升其创新绩效；关系质量还通过直接提高知识转移程度来强化企业动态能力，进而提升其创新绩效水平。该发现丰富了研发外包情境下关系质量对企业创新绩效的影响路径研究，扩展了动态能力理论在研发外包行业的应用研究，有助于学界更深入地认识动态能力在关系质量与企业创新绩效间关系中所发挥的重要作用，并有助于后续研究更深入地理解知识共享程度和知识转移程度的提高，对研发外包企业动态能力与创新绩效的提升具有重要影响。

（3）通过建立研发外包模式调节下关系质量对企业创新绩效影响的理论模型，揭示了研发外包中关系质量对企业创新绩效影响的调节机制，是对研发外包领域关系质量与创新绩效间关系调节机制的理论研究的有益补充。运用多群组结构方程模型分析方法，构建了研发外包模式调节下关系质量对企业创新绩效影响的结构方程模型，进行实证分析。通过研究发现，不同研发外包模式下关系质量对企业创新绩效的影响机制存在明显差异。创新型研发外包模式下关系质量对企业创新绩效具有显著的直接正向影响，但效率型研发外包模式下关系质量对企业创新绩效的直接促进作用并不显著。在路径"关系质量→知识共享""关系质量→知识转移""知识共享→知识转移""知识共享→动态能力""知识转移→动态能力" 和 "动态能力→企业创新绩效" 中，创新型研发外包模式为主导的企业受到的影响作用都更明显。该发现丰富了关系质量与企业创新绩效间关系的调节因素研究，有助于学界识别不同研发外包模式在关系质量与企业创新绩效间关系中所发挥的异质性影响，以此更深入地阐释创新型研发外包模式对发包方企业创新绩效提升的重要作用。

　　本书为学界从发包方视角探究关系质量对企业创新绩效的影响机制提供了一个新的理论分析框架，研究成果有助于学界深入认识研发外包中关系质量的驱动机制、关系质量对企业创新绩效影响的作用机制及调节机制，是对研发外包领域关系质量相关理论研究的有益补充。但本书仍存在一定的研究局限性，主要体现在两个方面：第一，本书没有分析关系质量的各个维度对企业创新绩效的影响，后续研究可以尝试展开多维度分析，以便于更好地体现关系质量的多维度内涵。第二，本书只引入了研发外包模式作为影响关系质量与企业创新绩效间关系的调节变量，后续研究可以考察外包关系类型等变量对其中关系的异质性影响，以便于对研发外包情境中关系质量影响企业创新绩效的其他因素进行识别与分析。

附录1 研发外包中关系质量对企业 创新绩效影响机制调查问卷

一、调查目的

本问卷旨在调查研发外包中关系质量对企业创新绩效的影响机制，分析研发外包双方间关系质量的前置因素，探析关系质量、知识共享、知识转移、动态能力与企业创新绩效之间的关系，以及不同研发外包模式下关系质量对企业创新绩效的影响差异，以验证研发外包情境下关系质量对企业创新绩效的影响机制，为企业有效开展研发外包关系管理工作，促进企业创新绩效提升提供参考。

您的合作对我们的研究意义重大，非常感谢您的热情帮助！

二、保密性

本问卷仅作为我们的学术研究使用，没有任何商业用途，同时我们将严格遵守保密的原则。调查的结果经过整理将以论文形式在期刊上公开发表，但我们承诺对企业的真实身份严格保密。

三、填写方式

以下部分的各个问题是对贵企业的基本信息和研发外包的模式，感知研发外包中关系质量、知识共享、知识转移、动态能力和企业创新绩效情况，以及关系专用性投资和外包服务质量情况的描述。问卷采用Likert 五级量表形式，1～5 的分数区间表示您对测量题项的感知从"完全不同意"到"完全同意"，或从"非常低"到"非常高"状态的过渡。请根据您对各题项的了解情况，在您选择的相应选项下打"√"。

第一部分：企业基本信息

1. 姓名：_____ 现任职位：_____

2. 企业名称：_____

3. 企业位于_____省（直辖市、自治区）_____市

4. 企业联系方式（联系电话或 E-mail）：_____

5. 企业所属行业为（　　）。

A. 医药制造业

B. 汽车制造业

C. 电气机械和器材制造业

D. 计算机、通信和其他电子设备制造业

E. 其他

6. 企业成立年限为（　　）。

A. 3 年以下　　　　　　　　B. 3 ~ 5 年

C. 6 ~ 10 年　　　　　　　　D. 11 ~ 15 年

E. 15 年以上

7. 企业产权性质为（　　）。

A. 国有及国有控股　　　　　B. 集体

C. 民营　　　　　　　　　　D. 三资企业

E. 其他_____

8. 企业员工人数为（　　）。

A. 300 人以下　　　　　　　B. 300 ~ 500 人

C. 500 ~ 1000 人　　　　　　D. 1000 ~ 2000 人

E. 2000 人以上

9. 企业近两年平均销售额为（　　）。

A. 3000 万元以下　　　　　　B. 3000 万 ~ 1 亿元

C. 1 亿 ~ 3 亿元　　　　　　D. 3 亿 ~ 10 亿元

E. 10 亿元以上

10. 企业研发费用占销售额比例为（　　　）。

A. 0.5% 以下　　　　　　　　　　B. 0.5% ~1%

C. 1% ~5%　　　　　　　　　　　D. 5% 以上

第二部分：企业研发外包模式

衡量企业效率型研发外包模式的指标	完全不同意	不同意	中立	同意	完全同意
1. 贵企业研发外包业务的技术为成熟技术	1	2	3	4	5
2. 贵企业研发外包业务的市场为成熟市场	1	2	3	4	5
3. 贵企业研发外包业务的资源为普通资源	1	2	3	4	5
4. 贵企业研发外包业务具有较低的创新性	1	2	3	4	5

衡量企业创新型研发外包模式的指标	完全不同意	不同意	中立	同意	完全同意
1. 贵企业研发外包业务的技术为新技术	1	2	3	4	5
2. 贵企业研发外包业务的市场为新市场	1	2	3	4	5
3. 贵企业研发外包业务的资源为稀缺资源	1	2	3	4	5
4. 贵企业研发外包业务具有较高的创新性	1	2	3	4	5

第三部分：关 系 质 量

衡量研发外包双方间关系质量水平的指标	完全不同意	不同意	中立	同意	完全同意
1. 外包双方能够实事求是、平等对待地商谈业务	1	2	3	4	5
2. 外包双方在任何时候都是忠实的朋友	1	2	3	4	5
3. 外包双方在任何情况下做出的决策对双方都有益	1	2	3	4	5

衡量研发外包双方间关系质量水平的指标	完全不同意	不同意	中立	同意	完全同意
4. 贵企业通过研发外包获得了预期的利益	1	2	3	4	5
5. 贵企业在项目中遇到问题时，研发供应商能够及时解决	1	2	3	4	5
6. 研发供应商能够有效率地完成贵企业委托的研发工作	1	2	3	4	5
7. 研发供应商能信守诺言	1	2	3	4	5
8. 外包双方愿意保持长期合作	1	2	3	4	5
9. 外包双方会尽力维持良好的外包关系	1	2	3	4	5
10. 研发供应商负责贵企业的多项业务	1	2	3	4	5
11. 研发供应商支持和管理贵企业的核心业务	1	2	3	4	5
12. 如果外包出现问题，贵企业的研发工作很难继续开展	1	2	3	4	5

第四部分：关系专用性投资

衡量研发外包双方的关系专用性投资的指标	完全不同意	不同意	中立	同意	完全同意
1. 外包双方均投资了大规模的专用性工具和设备以促成合作	1	2	3	4	5
2. 如果外包合作关系结束，投资方的设备投入将遭受损失	1	2	3	4	5
3. 外包双方均需要更新设备和系统以满足对方特殊的质量标准	1	2	3	4	5
4. 外包双方都重新规划了信息系统和物流系统以便于业务联系	1	2	3	4	5
5. 外包双方均安排了专门人员负责联系和协调业务	1	2	3	4	5

续表

衡量研发外包双方的关系专用性投资的指标	完全不同意	不同意	中立	同意	完全同意
6. 外包双方均对自身相关人员进行了技术培训	1	2	3	4	5
7. 外包双方彼此熟悉对方的业务流程	1	2	3	4	5
8. 如果合作关系终止，投资方为该合作关系进行的人力资本投入将很难用作他途	1	2	3	4	5

第五部分：服 务 质 量

衡量研发供应商服务质量水平的指标	完全不同意	不同意	中立	同意	完全同意
1. 研发供应商享有能够公平、公正地对待合作伙伴的声誉	1	2	3	4	5
2. 研发供应商享有能够公平、公正地处理合作中的问题的声誉	1	2	3	4	5
3. 研发供应商享有诚实并关心合作伙伴的声誉	1	2	3	4	5
4. 研发供应商具备很强的人力资源能力	1	2	3	4	5
5. 研发供应商具备很强的质量和流程管控能力	1	2	3	4	5
6. 研发供应商应用新知识进行产品改进或新产品创造的能力很强	1	2	3	4	5
7. 研发供应商具备很强的提供一体化解决方案的能力	1	2	3	4	5
8. 外包双方都能够没有顾忌地同对方分享信息	1	2	3	4	5
9. 研发供应商能够及时告知贵企业所应知道的信息	1	2	3	4	5
10. 研发供应商会告知对贵企业有用的一切信息	1	2	3	4	5
11. 外包双方都相信对方所告知的信息准确可靠	1	2	3	4	5

第六部分：知识共享

衡量研发外包双方间知识共享程度的指标	完全不同意	不同意	中立	同意	完全同意
1. 外包双方都非常愿意共享一些能以文件形式结构化的知识	1	2	3	4	5
2. 外包双方会经常共享这类能以文件形式结构化的知识	1	2	3	4	5
3. 外包双方都会尽可能为彼此的学习和交流创造机会	1	2	3	4	5
4. 贵企业通过知识共享获取了很多能以文件形式结构化的知识	1	2	3	4	5
5. 贵企业通过知识共享获得的知识大多是完整的	1	2	3	4	5
6. 贵企业通过知识共享获得的知识大多是准确的	1	2	3	4	5
7. 贵企业通过知识共享获得的知识对开展业务很有用	1	2	3	4	5

第七部分：知识转移

衡量研发外包双方间知识转移程度的指标	完全不同意	不同意	中立	同意	完全同意
1. 研发供应商能够提供完整的产品使用手册、设计规范等文件	1	2	3	4	5
2. 研发供应商会通过多种方式及时传递产品需求和开发等知识	1	2	3	4	5
3. 外包双方会就产业发展趋势等信息进行交流	1	2	3	4	5
4. 外包双方会交流有关竞争对手和顾客的知识	1	2	3	4	5
5. 贵企业会向研发供应商学习许多技术经验、诀窍等	1	2	3	4	5
6. 贵企业会了解研发供应商所需服务等知识	1	2	3	4	5

第八部分：动 态 能 力

衡量企业动态能力水平的指标	完全不同意	不同意	中立	同意	完全同意
1. 贵企业会密切关注研发供应商和竞争者的创新行为	1	2	3	4	5
2. 贵企业会时刻关注科学技术领域的最新成果	1	2	3	4	5
3. 贵企业会通过多种途径及时了解本行业的发展动态	1	2	3	4	5
4. 贵企业注重通过外部获取知识、经验和咨询意见等	1	2	3	4	5
5. 贵企业注重记录并积累点滴的知识和经验	1	2	3	4	5
6. 贵企业注重整理、保存并使用知识和经验	1	2	3	4	5
7. 贵企业能够有效地整合重组现有的资源	1	2	3	4	5
8. 贵企业能够对内部工作流程和程序进行快速再设计	1	2	3	4	5
9. 贵企业能够快速调整内外关系网络和网络沟通方式	1	2	3	4	5

第九部分：企业创新绩效

衡量企业创新绩效水平的指标	非常低	较低	行业平均	较高	非常高
1. 与国内同行主要竞争者相比，近三年贵企业新产品数量	1	2	3	4	5
2. 与国内同行主要竞争者相比，近三年贵企业专利申请量	1	2	3	4	5
3. 与国内同行主要竞争者相比，近三年贵企业新产品销售额占比	1	2	3	4	5
4. 与国内同行主要竞争者相比，近三年贵企业新产品开发速度	1	2	3	4	5
5. 与国内同行主要竞争者相比，近三年贵企业创新产品成功率	1	2	3	4	5

附录 2 国际服务外包产业发展 "十三五"规划

一、发展现状与发展趋势

"十二五"期间，面对错综复杂的国际环境和艰巨繁重的国内改革发展稳定任务，各地区各部门在党中央、国务院的坚强领导下，抓住全球服务外包较快发展的机遇，顽强拼搏，开拓创新，推动我国服务外包产业快速发展，承接离岸服务外包规模稳居世界第二位，对稳增长、调结构、促就业的作用不断增强。

（一）发展基础。

总量快速增长。2011~2015年，我国服务外包合同金额从447亿美元增至1309亿美元，年均增长31%；执行金额从324亿美元增至967亿美元，年均增长31%；离岸执行金额从238亿美元增至646亿美元，年均增长28%。离岸服务外包占服务出口总额的比重从13%提升到23%，成为促进外贸发展的新动力。

结构不断优化。大数据、物联网、移动互联、云计算等技术的创新和应用，推动我国服务外包产业向价值链高端延伸，业务结构不断优化，以知识和研发为主要特征的知识流程外包比重稳步提升，信息技术外包、业务流程外包、知识流程外包协调发展的局面初步形成。2011~2015年，我国信息技术外包、业务流程外包、知识流程外包的离岸执行金额比例从58:16:26发展到49:14:37。

国际市场稳步拓展。离岸服务外包的发包市场更加多元化，逐渐拓展至东南亚、大洋洲、中东、拉美和非洲等近200个国家。2011~2015

158

年，我国承接美欧港日的服务外包执行金额由 166 亿美元增长到 398 亿美元，占比由 70% 降至 62%；承接"一带一路"相关国家服务外包执行金额由 43 亿美元增长到 122 亿美元，占比由 17% 增至 19%。

市场主体逐步壮大。2011～2015 年，全国累计新增服务外包企业 1.7 万家。其中，2015 年全年服务外包执行金额超过 1 亿美元的企业有 126 家，离岸执行金额超过 1 亿美元的企业有 86 家。9 家企业入选 2014 年全球服务外包 100 强。

产业集聚初步显现。服务外包示范城市建设加快，主要发展指标增幅均超过全国平均水平，产业集聚、发展引领作用增强。2015 年，服务外包示范城市承接离岸服务外包合同金额达 765 亿美元，执行金额达 561 亿美元，在全国的占比分别为 88% 和 87%。

大学生就业增多。2011～2015 年，我国服务外包吸纳大学生就业从 223 万人增至 472 万人，平均每年新增大学生就业 62 万人，全行业大学生从业人员占比高达 64%。同时，我国服务外包产业国际竞争力不强、高端服务供给能力不足、价值链地位不高、区域发展不均衡、体制机制创新不够等问题依然比较突出，转型升级的任务艰巨而紧迫。

（二）发展趋势。

"十三五"期间，我国服务外包产业总体上仍将面临较好的发展机遇。从国际看，和平与发展的时代主题没有变，世界多极化、经济全球化、文化多样化、社会信息化深入发展，新一轮科技革命和产业变革蓄势待发。在新一代信息技术带动下，服务外包作为企业整合利用全球资源的重要方式，正在成为推动产业链全球布局的新动力。但国际金融危机冲击和深层次影响在相当长时期依然存在，世界经济在深度调整中曲折复苏，增长乏力，全球贸易持续低迷，贸易保护主义抬头，外部环境不稳定不确定因素明显增多。从国内看，经济发展进入新常态，向形态更高级、分工更优化、结构更合理阶段演化的趋势更加明显。供给侧结构性改革继续深入推进，将加快推动各类资源要素向现代服务业聚集，为服务外包产业发展营造更加有利的环境。但我国经济发展方式粗放，传统比较优势减弱，创新能力不强等问题依然突出。同时，服务外包产业本身也出现了新的趋势和特点。

一是发展空间更加广阔。世界经济进入服务经济时代，服务业跨国转移成为经济全球化新特征，服务外包日渐成为各国参与全球产业分工、调整经济结构的重要途径。据国际权威机构预测，到 2020 年全球服务外包市场规模有望达到 1.65 万亿美元至 1.8 万亿美元，其中离岸服务外包规模约为 4500 亿美元。"中国制造 2025""互联网＋"将释放服务外包新需求，国内在岸市场规模将进一步扩大，为服务外包产业离岸在岸协调发展提供了有力支撑。

二是跨界融合日益明显。信息技术发展成为服务外包产业的技术基础，数字交付成为服务外包交付的重要方式。信息技术外包（ITO）已由软件编码和测试等拓展到软件平台开发和数据中心运维服务。业务流程外包（BPO）和知识流程外包（KPO）也正在为更多的行业提供专业服务，ITO、BPO 和 KPO 的边界不断被打破，逐步互相融合，服务外包向技术更智能、领域更广泛、价值链更高端的方向发展。

三是创新成为核心驱动力。大数据、物联网、移动互联、云计算等信息技术的应用，既创造着广泛的服务需求，又带来技术模式和交付模式的新变革。传统的以人力资源为关键要素的人工服务时代逐步进入智能服务时代，服务效率不断提升。发包企业主要关注点从降低成本向获取专业服务拓展，对接包企业信息技术和专业服务能力的要求越来越高。劳动密集型的外包将平稳增长，高技术、高附加值的综合性服务外包将快速增长。

四是市场竞争日趋激烈。美欧日等发达经济体服务发包规模仍将继续增长。为争取更多市场份额，并抢占全球价值链高端环节，全球 70 多个国家（地区）均将承接国际服务外包确立为战略重点，并不断加大对企业能力建设的政策支持力度。印度、爱尔兰等国仍将努力维持服务外包竞争优势地位，马来西亚、墨西哥、越南、菲律宾等国的承接能力正在快速提升。

综合判断，虽然我国服务外包产业面临的国际市场环境严峻复杂，但发展基础和条件依然坚实，空间广阔，仍将处于大有作为的重要战略机遇期。

二、指导思想和发展目标

"十三五"时期是我国全面提升服务外包产业竞争力的关键阶段。要增强机遇意识、忧患意识、责任意识，强化底线思维，积极适应和引领经济发展新常态，推进创新发展、协调发展、绿色发展、开放发展、共享发展；统筹谋划，完善政策体系，扩大规模，提质增效，开创服务外包产业发展新局面，全面提升我国服务外包产业竞争力。

（一）指导思想。

全面贯彻党的十八大和十八届三中、四中、五中、六中全会精神，以马克思列宁主义、毛泽东思想、邓小平理论、"三个代表"重要思想、科学发展观为指导，深入贯彻习近平总书记系列重要讲话精神，牢固树立和贯彻落实新发展理念，以推进服务外包供给侧结构性改革为主线，以服务外包标准化、数字化、智能化、融合化为主攻方向，不断完善服务外包体制机制，继续扩大服务外包规模，加快推进服务外包向价值链高端延伸，推动结构优化调整，促进离岸业务和在岸业务协调发展，充分发挥服务外包在现代服务业中的引领和驱动作用，为建设贸易强国作出更大贡献。

（二）发展目标。

到 2020 年，我国企业承接离岸服务外包合同执行金额超过 1000 亿美元，年均增长 10% 以上。产业结构更加优化，数字化、智能化的高技术含量、高附加值服务外包比重明显提升。提高服务外包标准化程度，打造一批众创平台，培育一批具有国际先进水平的骨干企业和知名品牌。以服务外包示范城市为中心，扶持一批主导产业突出、创新能力强、体制机制完善的重点园区，形成区域特色鲜明、功能完善、差异发展的服务外包产业新布局。结合"一带一路"倡议，培育服务发包市场，推广和传播中国的技术和标准。鼓励政府和企业发包，壮大在岸外包市场，促进离岸和在岸业务协调发展。

三、重点任务

（一）推进创新驱动。

营造创新环境，加快推动技术创新、模式创新、业态创新和制度创新，形成包容性强的创新氛围。激发全社会的创新活力和潜力，建立以市场为导向、企业为主体、产学研相结合的技术创新环境。加强创新平台建设，推进服务外包孵化平台、孵化基地建设。适应服务外包的社会化和专业化发展要求，支持地方搭建众创平台，鼓励企业突出核心业务、优化生产流程、创新组织结构、提高质量和效率，促进服务外包的专业化与多元化、线上与线下相结合，推进服务外包与相关产业融合发展。拓展发展新空间，鼓励有条件的地区利用云计算、大数据等现代信息技术，通过众包众筹模式开展创业创新，提供培训、投资、咨询、孵化转化等创业一体化服务。鼓励企业增强集成创新能力，形成单项外包与综合外包的集成创新优势，努力实现重点领域的整体突破。支持企业延伸拓展产业链条，开拓更多的外包领域，形成技术引领、跨界融合、创新驱动的服务外包发展新格局。

（二）优化产业结构。

积极推进服务外包产业供给侧结构性改革，有序扩大服务外包产业规模，突出优势领域、关键领域和新兴领域，提升劳动密集型服务外包业务竞争力，着力发展高技术、高附加值的综合性服务外包，向产业价值链高端延伸。在继续大力发展信息技术外包、业务流程外包、知识流程外包的基础上，鼓励不同领域融合发展，提升信息化智能化水平。以产业转型升级和市场需求为导向，不断巩固云计算服务、软件研发及开发服务、集成电路和电子电路设计服务等信息技术外包；着力拓展供应链管理服务、电子商务平台服务等业务流程外包；积极发展大数据分析服务、工业设计服务、工程技术服务、管理咨询服务、医药和生物技术研发服务等知识流程外包；大力推进信息技术解决方案服务、文化创意服务等综合性服务外包。

（三）推进区域协同发展。

构建以中国服务外包示范城市为主体，结构合理、各具特色、优势互补的区域发展格局。东部地区要继续巩固原有优势，积极发展高技术、高附加值的综合性服务外包，加快形成服务外包产业核心区，在更高层次参与国际合作的同时，带动人力资源密集型的服务外包有序向西部地区转移。中部和东北地区老工业基地要利用科教资源密集、产业体系完整等优势，通过合理分工、专业化生产引导工业企业加快服务环节外包，提升发展活力、内生动力和整体竞争力。西部地区要加快推进服务外包产业发展，利用区位和人力资源成本优势，进一步改善产业基础设施条件，增强本地区产业承接能力，积极承接东部地区产业转移，扩大服务外包规模。加强各地区接发包企业、园区之间的对接联系，畅通产业转移渠道，开展承接转移促进活动。

（四）优化国际市场布局。

以国际市场需求为导向，深入实施"一带一路"倡议，积极推进市场多元化，实现全方位、宽领域、多层次的互利合作格局。巩固与发达国家和地区合作，提高软件和信息技术、设计、研发、医疗、互联网等高端业务领域服务外包业务比重。不断开拓新兴市场，积极开展新业务，大力扩展营销网络。深化"一带一路"相关国家合作，推动"装备＋服务""工程＋服务"和中国服务标准的国际化进程，开展工业、能源、软件和信息技术、文化创意、金融、交通物流等领域的跟随服务。支持国内企业向境外中资企业发包，带动中国标准、文化、品牌"走出去"。鼓励服务外包企业参与我国相关境外经贸合作区建设，开展国际服务外包合作，全面提升合作的质量和水平。

（五）培育壮大市场主体。

支持企业从事服务外包业务，鼓励服务外包企业专业化、规模化、品牌化发展。推动服务外包企业提升研发创新水平，通过国家科技计划（专项、基金等），引导和支持企业开展集成设计、综合服务解决方案及相关技术项目研发。鼓励服务外包企业加强商业模式和管理模式创新，积极发展承接长期合约形式的服务外包业务。积极壮大市场主体，培育一批影响力大、国际竞争力强的龙头企业，一批规模显著、优势突出的大型企业，一批富有活力、特色鲜明的中小型企业。引导企业通过兼并重组、技术入股、创新同盟等形式，优化资金、技术、人才等资源要素配置，实现优势互补。鼓励企业特别是工业企业打破"大而全""小而全"的一体化生产格局，购买专业服务。

（六）强化复合型人才培养。

着眼于突破我国服务外包产业转型升级和创新发展的人才瓶颈，构建完善的服务外包人才发展体系，创新体制机制，为服务外包人才的引进、培养、流动创造良好的氛围与环境，夯实我国服务外包产业加快发展的人才基础。采用引进和培养相结合的方式，大力培养技术能力和垂直领域管理经验兼备的中高级复合型人才。支持高校、职业院校以人才需求为导向优化服务外包专业设置，对接服务外包行业标准，修（制）定相关专业教学质量标准，优化课程设置。鼓励高校加强与区域内服务外包骨干企业、产业化基地和地方政府等方面的合作，共建高水平的学生实习实践基地，搭建产学研创协同育人平台，建立产学合作协同育人的长效机制，服务大学生创新创业。支持培训机构开展技术与管理人才继续教育，支持符合条件的服务外包企业通过开展校企合作录用高校毕业生，建立和完善内部培训体系，鼓励企业建设人才实训基地。组建人才培养产学合作联盟。

（七）提高标准化水平。

建立健全服务外包标准体系、提高中国服务标准的国际化水平。制定一批具有国际领先水平的标准并应用推广，建立和完善服务外包能力、质量和流程的标准体系。支持行业协会制定相关的发包规范和服务供应商提供服务的技术标准。建设推广信息技术服务标准 ITSS 品牌。积极倡导建立服务外包国际标准体系，参与制订全球数字贸易规则，增强全球标准话语权。

四、保障措施

（一）完善财税政策。

加大合规的财政支持力度，优化资金使用方向和支持方式，推动对重大项目、重点园区、重大平台开展专项扶持，加强对企业自主研发、商务模式创新、企业境外并购等的扶持力度，加大对"专、精、特、新"创新型、中小型优势企业的定向支持；引导社会资金加大对承接国际服务外包业务企业的投入，在服务贸易创新发展引导基金中设立支持服务外包发展的子基金。

（二）创新金融服务。

拓宽服务外包企业投融资渠道。鼓励金融机构按照风险可控、商业可持续原则，创新符合监管政策、适应服务外包产业特点的金融产品和服务，推动开展应收账款质押、专利及版权等知识产权质押。支持政策性金融机构在有关部门和监管机构的指导下依法合规创新发展，加大对服务外包重点项目建设和企业开拓国际市场、开展境外并购等业务的支持力度。鼓励保险机构创新保险产品，提升保险服务，扩大出口信用保险规模和覆盖面，提高承保和理赔效率。引导融资担保机构加强对服务外包中小企业的融资担保服务。支持符合条件的服务外包企业进入中小企业板、创业板、中小企业股份转让系统融资。支持符合条件的服务外包企业通过发行企业债券、公司债券、非金融企业债务融资工具等方式扩大融资，实现融资渠道多元化。

（三）提升便利化水平。

研究国际服务外包业务进口货物保税监管模式扩大实施范围，推动实施离岸服务外包全程保税监管措施。创新服务外包检验检疫监管模式，实施分类管理，提供通关便利。引导企业在开展国际服务外包业务时使用人民币进行计价结算，有效管理汇率风险。为从事国际服务外包业务的外籍中高端管理和技术人员提供出入境和居留便利。简化外资经营离岸呼叫中心业务试点审批程序。

（四）发挥示范城市作用。

充分发挥服务外包示范城市带动引领作用，开展体制机制创新，形成制度创新和政策创新的高地。示范城市要加快建设法治化、国际化、便利化的营商环境，加快实现服务外包发展由"要素驱动"向"创新驱动"的转变，加快实现国际合作向更高层次、更广范围、更宽领域的转变。做好示范城市建设的阶段性总结、经验复制和政策推广。出台示范城市动态调整办法，建立良性竞争、激发活力的产业发展促进机制。

（五）提高公共服务能力。

建设法治化国际化营商环境，营造有利于服务外包产业发展的氛围。加大服务外包领域版权、专利、商标等知识产权的执法监管力度。建立服务外包企业信用记录和信用评价体系。鼓励市场主体、研究机构、行业协会、非营利性社会组织、第三方服务平台等建立行业自律体系。加强中国服务外包研究中心等智库建设。加强服务外包统计监测工作，优化统计指标体系，完善统计口径、统计标准和统计方法，提高统计数据的及时性和准确性。完善在岸业务统计，做到应统尽统。加强服务外包管理信息系统与其他部门相关统计系统的衔接。

（六）强化组织实施。

将促进服务外包产业发展列入国务院服务贸易发展部际联席会议重要议题，着力破除制约产业发展的体制机制性障碍，协调解决工作推进中遇到的重大问题。国家有关部门要相互配合、统筹推进，加强本规划和政策措施的衔接协调，形成促进服务外包产业加快发展的政策合力。各地区要根据本地实际，精心谋划，周密部署，研究制定本地区服务外包产业发展规划，明确工作责任，创新性开展工作，切实把规划目标任务落到实处。

各地商务主管部门要会同发展改革、教育、科技、工业和信息化等有关部门加强规划的组织实施，扎实推进规划各项任务的落实。制定年度工作计划要与本规划保持衔接和协调。建立健全规划实施监测评估机制，实行年度监督、中期评估和终期评估制度。在本规划执行期间，统筹评估结果和国内外形势变化，在深入调研的基础上，及时调整本规划的预期目标。

附件：

国际服务外包产业发展"十三五"重点领域

一、云计算服务

按照国家关于促进云计算创新发展的总体要求，开展大型云计算服务平台底层架构开发，推动云计算基础设施的优化布局。提升公有云的资源整合和协同管理能力、专有云的整体解决方案和定制化服务能力，发展安全云服务，推进国际区域性云计算服务标准构建和平台合作建设。发展软件即服务、平台即服务和基础设施即服务等新业态，大力发展面向海外市场的企业经营管理、研发设计、市场推广等在线应用服务，积极培育以在线应用服务为主要业务的云计算服务商。

二、软件研发及开发服务

结合新一代信息技术，发展定制软件研发、嵌入式软件研发和系统软件研发等业态，重点是面向制造业、电力、软件和信息技术服务业、金融业、交通运输业、教育、文化、体育和娱乐业等行业的软件研发及开发服务。加快系统软件及基础软件的开发能力提升，面向国际市场发展高端软件研发业务，对接工业升级需求，发展嵌入式软件研发服务，不断创新服务模式。

三、集成电路和电子电路设计服务

紧密结合《中国制造 2025》战略和《国家集成电路产业发展推进纲要》，发展集成电路产品设计及相关技术支持服务和电子电路产品及相关技术支持服务业态，重点是面向制造业与软件和信息技术服务业等行业的集成电路和电子电路设计服务。加快支撑两化融合的集成电路设计发展。着力突破芯片设计、布局布线工艺等关键核心技术，加快自动化设计工具的开发创新，强化协同创新服务能力，在低能耗、安全性、

167

整体解决方案等方面培育领先优势。加速发展移动终端和智能终端的集成电路设计服务，推动集成电路和电子电路设计服务在智慧城市、智慧金融、智慧制造等方面的应用发展。

四、供应链管理服务

以大数据、物联网、移动互联、云计算等新兴技术的融合应用为核心，推动供应链管理服务向综合设计协调、物流采购解决方案设计等高端业务方向发展，重点是面向制造业、批发和零售业、交通业等行业的供应链管理服务。围绕工业产品的进出口和跨境电子商务，提升跨境综合协调服务能力和国际服务交付水平。引导企业打造智能化管理平台，稳步开展供应链金融业务，创新智慧供应链应用。

五、电子商务平台服务

加快促进工业从生产型制造向服务型制造转变以及传统商贸流通业的转型升级，发展电子商务平台开发运维业态，重点是面向农业、制造业、批发和零售业、租赁和商务服务业、居民生活服务业等行业电子商务平台服务。积极发展线上线下标准化、移动电子商务平台服务等，围绕跨境电子商务的有序推进，发展大型综合化、特色专业化国际电子商务平台服务。

六、大数据分析服务

加快基于大数据技术的研发及关键领域技术攻关，加强大数据技术、人机智能交互技术、社会化媒体技术、物联网技术等的综合研发和集成应用服务，形成一批具有国际先进水平的数据分析技术。发展数据分析和数据挖掘业态，重点围绕面向金融业、农业、制造业、批发和零售业、能源、交通运输业等行业的数据分析服务，积极扩展国际市场业务。

七、工业设计服务

立足提升"中国制造"价值水平，发展外观设计、结构设计、工艺流程设计、系统设计、服务设计等业态，重点围绕面向制造业、交通运输业、建筑业等行业大型工业装备产品的工业设计服务，发展高端制造产品的工业设计服务，促进工业设计服务与工业产品融合发展，向高端综合设计服务转变。加快先进工业设计工具和智能设计技术的开发，承接国际先进制造业企业的工业设计业务，打造"中国设计"的特色品牌。

八、工程技术服务

着力提升工程项目设计方案的水平，发展工程咨询和规划设计业态，重点围绕面向建筑业、房地产业、交通运输业、电力、热力等行业的服务，不断提高工程技术创新能力，扩大市场范围和业务规模。加快推进技术革新与工程设计服务的融合发展，提高全链条、一站式技术服务能力。积极发展"一带一路"沿线国家和地区的工程项目跟随服务。

九、管理咨询服务

运用现代化的手段和科学方法，以提升企业管理能力为目标，发展战略咨询服务、业务咨询服务和综合服务解决方案业态，重点是面向制造业、公共管理、软件和信息技术服务业等行业的管理咨询服务。着力发展具有较高知识含量和技术含量的管理咨询综合解决方案服务，培养一批具有影响力的服务外包管理咨询企业，逐步开拓国际市场。

十、医药和生物技术研发服务

着力提升新药研发全程服务水平和创新能力，完善医药研发服务链，提升符合国际规范的综合性、多样化的医药研发水平。优化医药和生物技术研发服务结构，发展药物产品开发、临床前试验及临床试验、国际认证及产品上市辅导服务等业态，重点是面向科学研究和技术服务业、卫生和社会工作等行业的医药和生物技术研发服务。

十一、信息技术解决方案服务

紧密契合"互联网＋"行动计划，整合信息技术外包企业的基础资源和技术能力，发展信息化和智能化综合解决方案业态，重点是面向软件和信息技术服务业、制造业、金融业、节能环保、批发和零售业、公共管理、社会保障和社会组织等行业的信息技术综合解决方案服务。

十二、文化创意服务

着力提升中华文化软实力，发展文化软件服务、建筑设计服务、广告设计服务和专业设计服务等业态，加强国际文化产业链布局。鼓励依托信息技术平台众包模式的探索和应用，加快培育专业化的文化创意服务市场，重点发展面向制造业、影视动漫、体育和娱乐业、批发和零售业等行业的文化创意，提升中华文化软实力。

附录 3　服务外包产业重点发展
领域指导目录
（2018 年版）

本目录共涉及 23 个重点发展领域。其中，8 个领域属于信息技术外包（ITO）范畴，6 个领域属于业务流程外包（BPO）范畴，9 个领域属于知识流程外包（KPO）范畴。

一、软件研发服务

定义和范围：软件研发服务是指根据客户需求研发软件系统或软件产品，并提供需求分析、软件咨询、设计开发、维护和培训等相关服务。软件研发服务属于信息技术外包（ITO）。

主要业务类型：主要包括定制软件研发、嵌入式软件研发、套装软件研发、系统软件研发、软件咨询、软件维护、软件培训、软件测试等 8 个业务类型。

主要应用领域：重点应用于金融业，制造业，信息传输、软件和信息技术服务业，交通运输、仓储和邮政业，批发和零售业，卫生和社会工作，教育，科学研究和技术服务业，采矿业，电力、热力、燃气及水生产和供应业，文化、体育和娱乐业，建筑业，住宿和餐饮业，房地产业，租赁和商务服务业，公共管理、社会保障和社会组织，居民服务、修理和其他服务业，水利、环境和公共设施管理业等 18 个国民经济行业。

二、集成电路和电子电路设计服务

定义和范围：集成电路和电子电路设计服务是指集成电路产品和电

子电路产品的设计及相关技术支持服务。集成电路和电子电路设计服务属于信息技术外包（ITO）。

主要业务类型：主要包括集成电路产品设计及相关技术支持服务、电子电路产品设计及相关技术支持服务 2 个业务类型。

主要应用领域：重点应用于制造业，信息传输、软件和信息技术服务业 2 个国民经济行业。

三、电子商务平台服务

定义和范围：电子商务平台服务是指为客户搭建电子商务平台（包括众包平台）并提供相关技术支持，包括电子商务平台的规划、开发、测试、维护及运营服务。电子商务平台服务属于信息技术外包（ITO）。

主要业务类型：主要包括电子商务平台开发、电子商务平台代运维 2 个业务类型。

主要应用领域：重点应用于制造业，信息传输、软件和信息技术服务业，批发和零售业，农、林、牧、渔业，租赁和商务服务业，交通运输、仓储和邮政业等 6 个国民经济行业。

四、信息技术解决方案服务

定义和范围：信息技术解决方案服务是指为客户提供信息技术相关咨询及整套专业解决方案服务，特别为满足客户对信息技术的需求，为其提供包含从方案咨询、设计、执行、测试、实施等整套业务流程内容。信息技术解决方案服务属于信息技术外包（ITO）。

主要业务类型：主要包括信息技术战略咨询、设备软件分析优化咨询、信息化解决方案等 3 个业务类型。

主要应用领域：重点应用于金融业，制造业，信息传输、软件和信息技术服务业，交通运输、仓储和邮政业，批发和零售业，卫生和社会工作，教育，科学研究和技术服务业，采矿业，电力、热力、燃气及水生产和供应业，文化、体育和娱乐业，建筑业，住宿和餐饮业，房地产业，租赁和商务服务业，公共管理、社会保障和社会组织，居民服务、修理和其他服务业，水利、环境和公共设施管理业等 18 个国民经济行业。

五、信息技术运营和维护服务

定义和范围：信息技术运营和维护服务是指为客户提供信息技术基础设施、基础信息技术和信息系统等运行实施和管理维护的服务。信息技术运营和维护服务属于信息技术外包（ITO）。

主要业务类型：主要包括信息技术基础设施管理、托管服务、数字内容服务、桌面管理与维护、信息系统应用服务等 5 个业务类型。

主要应用领域：重点应用于金融业，制造业，信息传输、软件和信息技术服务业，交通运输、仓储和邮政业，批发和零售业，卫生和社会工作，教育，科学研究和技术服务业，采矿业，电力、热力、燃气及水生产和供应业，文化、体育和娱乐业，建筑业，住宿和餐饮业，房地产业，租赁和商务服务业，公共管理、社会保障和社会组织，居民服务、修理和其他服务业，水利、环境和公共设施管理业等 18 个国民经济行业。

六、网络与信息安全服务

定义和范围：网络与信息安全服务是指服务提供商为政府、企业等机构客户的信息基础设施、业务系统、应用系统等提供网络与信息安全管理、运行、咨询与技术支持等服务。网络与信息安全服务属于信息技术外包（ITO）。

主要业务类型：主要包括网络与信息安全咨询、风险评估、安全集成、安全运维、应急处理、灾难恢复、安全培训、安全测评、安全监理和安全审计等 10 个业务类型。

主要应用领域：重点应用在金融业，电力、热力、燃气及水生产和供应业，公共管理、社会保障和社会组织，信息传输、软件和信息技术服务业，制造业等 6 个国民经济行业。

七、云计算服务

定义和范围：云计算服务是将大量用网络连接的计算资源统一管理和调度，构成计算资源池向用户提供按需服务，包括提供云主机、云空间、云开发、云测试和综合类服务产品，用户通过网络以按需、易扩展的方式获得所需资源和服务。随着云计算应用的加快发展，基于云计算等新一代信息技术的专业服务提供商将为客户提供公有云、私有云和混合云等服务。云计算服务属于信息技术外包（ITO）。

主要业务类型：主要包括软件即服务（Software－as－a－Service，SaaS）、平台即服务（Platform－as－a－Service，PaaS）以及基础设施即服务（Infrastructure－as－a－Service，IaaS）等3个业务类型。

主要应用领域：重点应用于信息传输、软件和信息技术服务业，制造业，金融业，批发和零售业，交通运输、仓储和邮政业等5个国民经济行业。

八、人工智能服务

定义和范围：人工智能服务是指利用机器人、语言识别、图像识别、人脸识别、自然语言处理、视频分析、无人驾驶、专家系统等各类应用技术为传统企业提供人工智能、机器学习等技术咨询及整套专业解决方案服务。人工智能服务属于信息技术外包（ITO）。

主要业务类型：主要包括智能语音服务、自动识别服务、人工智能引擎平台服务、制造流程智能化服务、智能交通服务、智能安防服务、智能环卫服务、智能家居服务、多种人工智能技术融合服务等业务类型。

主要应用领域：重点应用于金融业，制造业，信息传输、软件和信息技术服务业，交通运输、仓储和邮政业，批发和零售业，卫生和社会工作，科学研究和技术服务业，采矿业，电力、热力、燃气及水生产和供应业，文化、体育和娱乐业，建筑业，住宿和餐饮业，房地产业，租赁和商务服务业，公共管理、社会保障和社会组织，居民服务、修理和其他服务业，水利、环境和公共设施管理业等17个国民经济行业。

九、内部管理服务

定义和范围：内部管理服务是指提供企业内部管理环节（价值链辅链环节）的外包服务，包含流程设计及相关服务。内部管理服务属于业务流程外包（BPO）。

主要业务类型：主要包括人力资源管理服务、财务与会计管理、法律流程服务等3个业务类型。

主要应用领域：重点应用于金融业，制造业，信息传输、软件和信息技术服务业，交通运输、仓储和邮政业，批发和零售业，卫生和社会工作，教育，科学研究和技术服务业，采矿业，电力、热力、燃气及水生产和供应业，文化、体育和娱乐业，建筑业，住宿和餐饮业，房地产业，租赁和商务服务业，农、林、牧、渔业，公共管理、社会保障和社会组织，居民服务、修理和其他服务业，水利、环境和公共设施管理业，国际组织等20个国民经济行业。

十、互联网营销推广服务

定义和范围：互联网营销推广服务是指借助互联网、移动互联网平台为客户优化营销推广渠道，从而辅助客户实现营销目标，包括营销方案设计、互联网媒体筛选、传播内容策划及效果监测等，但不包括电子商务平台的开发建设运营、产品的授权销售、数字内容等服务。互联网营销推广服务属于业务流程外包（BPO）。

主要业务类型：主要包括互联网营销方案设计、传播内容策划及效果监测、互联网媒体等3个业务类型。

主要应用领域：重点应用于金融业，制造业，信息传输、软件和信息技术服务业，交通运输、仓储和邮政业，批发和零售业等5个国民经济行业。

十一、呼叫中心服务

定义和范围：呼叫中心服务是指将通信、金融、先进制造业、互联网等产业的语音、在线等客户服务业务，以外包的形式交付给市场化的企业运营管理，与发包方一起对用户服务资源统一管理和调度，构成一个包括服务、营销、咨询等一体化的语音、在线等全媒体服务形式，向用户提供全方位的按需服务。呼叫中心服务属于业务流程外包（BPO）。

主要业务类型：主要包括语音服务、在线服务、智能客服等3个业务类型。

主要应用领域：重点应用在信息传输、软件和信息技术服务业，制造业，金融业，批发和零售业，交通运输、仓储和邮政业，电力、热力、燃气及水生产和供应业，住宿和餐饮业，居民服务、修理和其他服务业等8个国民经济行业。

十二、供应链管理服务

定义和范围：供应链管理服务是指为客户提供供应链方案设计与物流方案设计服务，包括对整个供应链系统进行计划、协调、操作、控制和优化的各种服务。供应链管理服务属于业务流程外包（BPO）。

主要业务类型：主要包括供应链方案设计与物流方案设计服务2个业务类型。

主要应用领域：重点应用于制造业，批发和零售业，交通运输、仓储和邮政业，电力、热力、燃气及水生产和供应业，公共管理、社会保障和社会组织等5个国民经济行业。

十三、金融后台服务

定义和范围：金融后台服务是指金融机构将与直接经营活动相对分离，并为前台业务提供支撑的功能模块和服务业务。金融后台服务属于业务流程外包（BPO）。

主要业务类型：主要包括清算服务、银行卡服务、档案管理服务、客户服务、定损理赔服务等 5 个业务类型。

主要应用领域：重点应用于金融业。

十四、维修维护服务

定义和范围：维修维护服务指服务提供商为客户提供轮船、飞机、高铁、工程机械、医疗设备等专用设备的维修、保养和改造服务，以保障设备的正常运转和使用，提升设备价值和用户体验。但不包括手机等消费产品的维修服务。维修维护服务属于业务流程外包（BPO）。

主要业务类型：主要包括交通工具维修维护服务、工程机械维修维护服务、医疗设备维修维护服务等 3 个业务类型。

主要应用领域：重点面向制造业，交通运输、仓储和邮政业，卫生和社会工作，科学研究和技术服务业，采矿业，电力、热力、燃气及水生产和供应业等 6 个国民经济行业。

十五、大数据服务

定义和范围：大数据服务是指借助大数据技术，为客户提供数据采集、录入、存储、检索、加工、变换、分析、挖掘等服务，包括利用现代统计分析方法，了解客户业务发展过去、现状及存在的问题，为客户营销做关键支撑的数据分析服务；提供对商业数据库的大量业务数据进行抽取、转换、分析和其他模型化处理，从中提取关键性数据，为客户商业决策提供支持的数据挖掘服务。大数据服务属于知识流程外包（KPO）。

主要业务类型：主要包括数据采集与录入、数据存储及检索、数据分析、数据挖掘 4 个业务类型。主要应用领域：重点应用于制造业，电力、热力、燃气及水生产和供应业，批发和零售业，交通运输、仓储和邮政业，金融业，公共管理、社会保障和社会组织，卫生和社会工作等 7 个国民经济行业。

十六、管理咨询服务

定义和范围：管理咨询服务是指运用现代化的手段和科学方法，通过对企业的诊断、培训、方案规划、系统设计与辅导，从集团企业的管理到局部系统的建立，从战略层面的确立到行为方案的设计，对企业生产经营全过程实施动态分析，协助其建立现代管理系统，提出行动建议，并协助执行以达到提高企业经济效益的一种业务活动。管理咨询服务属于知识流程外包（KPO）。

主要业务类型：主要包括战略咨询服务、业务咨询服务和综合解决方案服务等 3 个业务类型。

主要应用领域：重点应用于制造业，信息传输、软件和信息技术服务业，交通运输、仓储和邮政业，批发和零售业，电力、热力、燃气及水生产和供应业，文化、体育和娱乐业，建筑业，住宿和餐饮业，房地产业，租赁和商务服务业，农、林、牧、渔业等 11 个国民经济行业。

十七、检验检测服务

定义和范围：检验检测服务是指为满足客户内部对采购物品、生产产品检测的需求而提供的专业服务，以及满足医疗机构诊断需要的第三方检测服务，不包括法律法规规定强制检测的服务。检验检测服务属于知识流程外包（KPO）。

主要业务类型：主要包括第三方医学检验检测服务、第三方食品检验检测服务、第三方消费用品检验检测服务、第三方工业产品检验检测服务等 4 个业务类型。

主要应用领域：重点应用于制造业，卫生和社会工作，电力、热力、燃气及水生产和供应业，农、林、牧、渔业等 4 个国民经济行业。

十八、工业设计服务

定义和范围：工业设计服务是指提供专业的工业产品设计整体解决方案服务，或产品策划、外观造型设计及产品包装、产品展示等某一业务流程的服务。工业设计服务属于知识流程外包（KPO）。

主要业务类型：主要包括外观设计、结构设计、试验认证、环境设计、工业生产线设计等 5 个业务类型。

主要应用领域：重点应用于制造业，批发和零售业，交通运输、仓储和邮政业，信息传输、软件和信息技术服务业，建筑业等 5 个国民经济行业。

十九、工程技术服务

定义和范围：工程技术服务是指为工程项目建设提供相应技术依据的设计方案，如项目规划、总体设计，以及工程建设项目决策和管理提供咨询等服务，不包括具体的施工活动及工程管理。工程技术服务属于知识流程外包（KPO）。

主要业务类型：主要包括工程咨询、规划设计 2 个业务类型。

主要应用领域：重点面向制造业，电力、热力、燃气及水生产和供应业，建筑业，房地产业，交通运输、仓储和邮政业等 5 个国民经济行业。

二十、服务设计服务

定义和范围：服务设计服务是以用户为中心、协同多方利益相关者，通过人员、环境、设施、信息等要素创新的综合集成，实现服务提供、流程、触点的系统创新，从而提升服务体验、效率和价值的设计活动。服务设计服务属于知识流程外包（KPO）。

主要业务类型：主要包括服务模式设计、商业模式设计 2 个业务类型。

主要应用领域：重点面向批发和零售业，文化、体育和娱乐业，住宿和餐饮业，租赁和商务服务业等 4 个国民经济行业。

二十一、文化创意服务

定义和范围：文化创意服务是以文化领域创造力为核心的业务活

动，通过技术、创意和产业化的方式开发、营销知识产权的业务，主要包括广播影视、动漫、音像、传媒、视觉艺术、表演艺术等方面的创意服务。文化创意服务属于知识流程外包（KPO）。

主要业务类型：主要包括动漫及网游设计服务、影视文化创意服务、广告设计服务等3个业务类型。

主要应用领域：重点应用于信息传输、软件和信息技术服务业，制造业，文化、体育和娱乐业，批发和零售业等4个国民经济行业。

二十二、医药和生物技术研发服务

定义和范围：医药和生物技术研发服务是指为制药企业、医疗器械厂商、医疗机构等提供的医药、医疗器械研发及生物技术服务。医药和生物技术研发服务属于知识流程外包（KPO）。

主要业务类型：主要包括药物产品开发、临床前试验及临床试验、药物注册、国际认证及产品上市许可服务、产业化技术咨询服务等5个业务类型。

主要应用领域：重点面向制造业，科学研究和技术服务业，卫生和社会工作，农、林、牧、渔业等4个国民经济行业。

二十三、新能源技术研发服务

定义和范围：新能源技术研发服务是指为核电、太阳能、风电、生物质能、储能和智能电网等新能源用户提供面向行业的技术研发等专业解决方案，包括方案设计、产品研发、执行、测试和运营维护等服务。新能源技术研发服务属于知识流程外包（KPO）。

主要业务类型：主要包括设备制造技术研发、产品应用技术研发2个业务类型。

主要应用领域：重点应用电力、热力、燃气和水生产和供应业，信息传输、软件和信息技术服务业，制造业，科学研究与技术服务业等4个国民经济行业。

参 考 文 献

［1］ Chesbrough H. Open innovation: How companies actually do it ［J］. Harvard Business Review, 2003, 81 (7): 12 – 14.

［2］ Howells J, Gagliardi D, Malik K. The growth and management of R&D outsourcing: Evidence from UK pharmaceuticals ［J］. R&D Management, 2008, 38 (2): 205 – 219.

［3］ Lai E, Riezman R, Wang P. Outsourcing of innovation ［J］. Economic Theory, 2009, 38 (3): 485 – 515.

［4］ 中国服务外包网. 2016 年我国服务外包产业发展情况 ［EB/OL］. http: //chinasourcing. mofcom. gov. cn/news/91/74577. html, 2017 – 03 – 22.

［5］ 杨梅. 中国服务外包转型发展路径更明晰 ［N］. 国际商报, 2018 – 03 – 07 (03).

［6］ Baden – Fuller C, Targett D, Hunt B. Outsourcing to outmanoeuvre: Outsourcing redefines competitive strategy and structure ［J］. European Management Journal, 2000, 18 (3): 285 – 295.

［7］ Katila R. New product search overtime: Past ideas in their prime ［J］. Academy of Management Journal, 2002, 45 (5): 995 – 1010.

［8］ Li Y, Liu Y, Li M F, et al.. Transformational offshore outsourcing: Empirical evidence from alliances in China ［J］. Journal of Operations, 2008, 26 (2): 257 – 274.

［9］ 费方棫, 李靖, 郑育家, 等. 企业的研发外包: 一个综述 ［J］. 经济学 (季刊), 2009 (4): 1107 – 1162.

［10］宋寒，代应，祝静. 风险规避下研发外包中隐性知识共享的关系契约激励［J］. 系统管理学报，2016（5）：415 – 421，438.

［11］宋喜凤，杜荣，艾时钟. IT外包中关系质量、知识共享与外包绩效关系研究［J］. 管理评论，2013（1）：52 – 62.

［12］Velez M L, Sanchez J M, Florez R, et al.. How control system information characteristics affect exporter-intermediary relationship quality ［J］. International Business Review，2015，24（5）：812 – 824.

［13］Lee J N, Kim Y G. Effect of partnership quality on IT outsourcing success：Conceptual framework and empirical validation ［J］. Journal of Management Information Systems，1999，15（4）：29 – 61.

［14］Handley S M, Jr W C B. Unlocking the business outsourcing process model ［J］. Journal of Operations Management，2009，27（5）：344 – 361.

［15］Leonidou C N, Leonidou L C, Coudounaris D N, et al.. Value differences as determinants of importers' perceptions of exporters' unethical behavior：The impact on relationship quality and performance ［J］. International Business Review，2013，22（1）：156 – 173.

［16］徐建中，吕希琛. 关系质量对制造企业团队创新绩效影响研究——业务转型外包情境视角［J］. 科学学与科学技术管理，2014（9）：141 – 151.

［17］Vareska V V, Jeroen P J, Wim V, et al.. Open innovation in SMEs：Trends, motives and management challenges ［J］. Technovation，2009，29（6）：423 – 437.

［18］Paju T. Conceptual modle of R&D offshore outsourcing：Overview of management and legal Issues ［J］. Business Process Management Journal，2007，3（1）：21 – 46.

［19］Higgins M J, Rodriguez D. The outsourcing of R&D through acquisitions in the pharmaceutical industry ［J］. Journal of Financial Economics，2006，80（2）：351 – 383.

［20］ Chiesa V, Manzini R. Organizing for technological collaborations: A managerial perspective ［J］. R&D Management, 1998, 28 (3): 199－212.

［21］ 伍蓓, 陈劲, 吴增源. 研发外包的内涵、动因及模式研究 ［J］. 中国科技论坛, 2008 (4): 30－35.

［22］ Arnold U. New dimensions of outsourcing: A combination of transaction cost economics and the core competencies concept ［J］. European Journal of Purchasing and Supply Management, 2000, 6 (1): 23－29.

［23］ 伍蓓, 陈劲, 蒋长兵. 企业 R&D 外包的维度结构及实证研究 ［J］. 科学学研究, 2010 (6): 872－880.

［24］ 伍蓓, 陈劲, 吴增源. 企业研发外包的模式、特征及流程探讨——基于 X 集团汽车制造案例研究 ［J］. 研究与发展管理, 2009 (2): 56－63.

［25］ Gilley K M, Rasheed A. Making more by doing less: An analysis of outsourcing and its effects on firm performance ［J］. Journal of Management, 2000, 26 (4): 763－789.

［26］ Tomas F, Espino R, Victor P R. A review of outsourcing from the resource-based view of the firm ［J］. International Journal of Management Review, 2006, 8 (1): 49－70.

［27］ Balachandra R, John H F. Factors for success in R&D projects and new product innovation: A contextual framework ［J］. IEEE Transactions on Engineering Management, 1997, 44 (3): 276－287.

［28］ 琳达·科恩, 阿莉·扬. 资源整合——超越外包新模式 ［M］. 北京: 商务印书馆, 2007.

［29］ 伍蓓, 陈劲, 吴增源, 等. 研发外包进程探索: 效率/创新外包模式的动态演进 ［J］. 科学学研究, 2013 (6): 948－955.

［30］ Feenstra R C, Hanson G H. The impact of outsourcing and high-technology capital on wages: Estimates for the United States, 1979－1990 ［J］. The Quarterly Journal of Economics, 1999, 114 (3): 907－940.

［31］ Francesco D, Cecilia J. Off-shoring and productivity growth in the

Italian manufacturing industries ［J］. Cesifo Economic Studies, 2008, 54
（3）: 414 – 450.

［32］蔡宏波. 外包与劳动生产率提升——基于中国工业行业数据
的再检验［J］. 数量经济技术经济研究, 2011（1）: 63 – 75.

［33］陈启斐, 王晶晶, 岳中刚. 研发外包是否会抑制我国制造业
自主创新能力［J］. 数量经济技术经济研究, 2015（2）: 53 – 69.

［34］伍蓓, 陈劲, 吴增源. 企业 R&D 外包的模式、测度及其对创
新绩效的影响［J］. 科学学研究, 2009（2）: 302 – 308.

［35］岳中刚. 逆向研发外包与企业创新绩效: 基于汽车产业的实证
研究［J］. 国际商务（对外经济贸易大学学报）, 2014（6）: 97 – 106.

［36］伍蓓, 陈劲. 研发外包: 模式、机理及动态演化［J］. 北京:
科学出版社, 2011.

［37］Arbaugh J B. Outsourcing intensity, strategy, and growth in en-
trepreneurialfirms ［J］. Journal of Enterprising Culture, 2003, 11（2）:
89 – 110.

［38］Nieto M J, Alicia R. Off-shoring of R&D: Looking abroad to im-
prove innovation performance ［J］. Journal of International Business Studies,
2011, 42（3）: 345 – 361.

［39］伍蓓, 陈劲, 吴增源. 环境动态性对研发外包强度与企业绩
效关系的调节效应研究［J］. 科研管理, 2010（7）: 23 – 30.

［40］张中元. 企业技术研发外包对引入新产品的影响［J］. 国际
贸易问题, 2015（7）: 67 – 76.

［41］Levitt T. After the sale is over ［J］. Harvard Business Review,
1983, 61（5）: 87 – 93.

［42］Gummesson E. The New marketing: Developing long-term interac-
tive relationships ［J］. Long Range Planning, 1987, 18（4）: 10 – 20.

［43］Annika R, Christian G. The value concept and relationship mar-
keting ［J］. European Journal of Marketing, 1996, 30（2）: 19 – 30.

［44］Crosby L A, Evans K R, Cowles D. Relationship quality in services selling: An interpersonal influence perspective [J]. Journal of Marketing, 1990, 54 (3): 68 – 81.

[45] Veronica L, Strandvik T. The nature of customer relationships in services [C]. Advances in Services Marketing and Management, London: JAI PressInc, 1995: 141 – 167.

[46] Hennig – Thurau T, Klee A A. Critical reassessment and model development [J]. Psychology & Marketing, 1997, 14 (8): 737 – 764.

[47] Holmlund M. The D&D model-dimensions and domains of relationship quality perceptions [J]. Service Industries Journal, 2001, 21 (3): 13 – 36.

[48] Alborz S, Seddon P, Scheepers R. A model for studying IT outsourcing relationships [C]. Proceeding of the 7th Pacific Asia Conference on Information Systems, Adelaide, South Australia, 2003 (7): 10 – 13.

[49] 刘人怀, 姚作为. 关系质量研究述评 [J]. 外国经济与管理, 2005 (1): 27 – 33.

[50] 艾时钟, 尚永辉, 信妍. IT 外包知识转移影响因素分析——基于关系质量的实证研究 [J]. 科学学研究, 2011 (8): 1216 – 1222.

[51] 刘刚, 王岚. 公平感知、关系质量与研发合作关系价值研究 [J]. 科研管理, 2014 (8): 25 – 33.

[52] 马鸿佳, 马楠, 郭海. 关系质量、关系学习与双元创新 [J]. 科学学研究, 2017 (6): 917 – 930.

[53] Mohr J, Spekman R. Characteristics of partnership success: Partnership attributes, communication behavior, and conflict resolution techniques [J]. Strategic Management Journal, 1994, 15 (2): 135 – 152.

[54] Dorsch M J, Swanson S R, Kelley S W. The role of relationship quality in the stratification of vendors as perceived by customers [J]. Journal of the Academy of Marketing Science, 1998, 26 (2): 128 – 142.

[55] Kumar N, Scheer L K, Steenkamp J B. The effects of supplier fairness onvulnerable resellers [J]. Journal of Marketing Research, 1995,

32 （1）：54 –65.

［56］ Grover V，Cheon M J，Teng J T. The effect of service quality and partnership on the outsourcing of information system functions ［J］. Journal of Management Information Systems，1996，12（4）：89 –116.

［57］ 田红云，杨海. IT 外包伙伴关系质量关键影响因素实证研究［J］. 图书情报工作，2010（8）：82 –85.

［58］ 王昌林，陈志昂. 服务外包关系质量及其对服务外包企业绩效的影响［J］. 经济体制改革，2012（2）：95 –99.

［59］ 沙颖，陈圻，郝亚. 关系质量、关系行为与物流外包绩效——基于中国制造企业的实证研究［J］. 管理评论，2015（3）：185 –196.

［60］ Parsons A L. What determines buyer-seller relationship quality? An investigation from the buyer's perspective ［J］. The Journal of Supply Chain Management，2002，38（1）：4 –12.

［61］ Young J. Strategic alliances：Are they relational by definition ［R］. Indiana State University Working Paper，2000.

［62］ Arino A，Torre J D L. Relational quality：Managing trust in corporate alliances ［J］. California Management Review，2001，44（1）：109 –131.

［63］ 武志伟，茅宁，陈莹. 企业间合作绩效影响机制的实证研究——基于 148 家国内企业的分析［J］. 管理世界，2005（9）：99 –106.

［64］ 徐翼，苏秦，李钊. B2B 下的客户服务与关系质量实证研究［J］. 管理科学，2007（2）：67 –73.

［65］ 任星耀，廖隽安，钱丽萍. 相互依赖不对称总是降低关系质量吗？［J］. 管理世界，2009（12）：92 –105，136.

［66］ 林舒进，庄贵军，黄缘缘. 关系质量、信息分享与企业间合作行为：IT 能力的调节作用 ［J］. 系统工程理论与实践，2018（3）：643 –654.

［67］ Storbacka K，Strandvik T，Grönroos C. Managing customer relationships forprofit: The dynamics of relationship quality [J]. International Journal of Service Industry Management, 1994, 5 (5): 21 – 38.

[68] Reichheld F F. The quest for loyalty: Creating value through partnership [M]. Boston: Harvard Business School Press, 1996.

[69] Walter A, Müller T A, Helfert G, et al.. Functions of industrial supplier relationships and their impact on relationship quality [J]. Industrial Marketing Management, 2003, 32 (2): 159 – 169.

[70] Ulaga W, Eggert A. Relationship value and relationship quality: Broadening the nomological network of business-to-business relationships [J]. European Jouranl of Marketing, 2006, 40 (3): 311 – 327.

[71] 苏秦, 姜鹏, 谭昊. B2B 环境下的关系价值对关系质量影响的实证研究 [J]. 预测, 2010 (5): 1 – 8.

[72] Skarmeas D, Katsikeas C S, Spyropoulou S, et al.. Market and supplier characteristics driving distributor relationship quality in international marketing channels of industrial products [J]. Industrial Marketing Management, 2008, 37 (1): 23 – 36.

[73] Rafiq M, Fulford H, Lu X. Building customer loyalty in online retailing: The role of relationship quality [J]. Journal of Marketing Management, 2013, 29 (3 – 4): 494 – 517.

[74] Mohammed T A, Azila M N N. Evaluating the effect of cost related factors on relationship quality: An investigation of retailer-supplier relationship in Bangladesh [J]. International Journal of Retail & Distribution Management, 2013, 41 (7): 545 – 558.

[75] Holmlund M. A definition, model, and empirical analysis of business-to-business relationship quality [J]. International Journal of Service Industry Management, 2008, 19 (1): 32 – 62.

[76] Leonidas C L, Saeed S, Bilge A. Antecedents and outcomes of exporter-importer relationship quality: Synthesis, meta-analysis, and directions for further research [J]. Journal of International Marketing, 2014, 22

(2): 21 - 46.

[77] Sun Y L, Liu Z H, Yang H. How does suppliers' fairness affect the relationship quality of agricultural product supply chains? [J]. Journal of Food Quality, 2018 (5): 1 - 15.

[78] 张涑贤, 苏秦, 宋永涛, 等. B2B 下服务质量对关系质量的影响研究 [J]. 管理学报, 2010 (10): 1514 - 1519.

[79] Lai I K W. The role of service quality, perceived value, and relationship quality in enhancing customer loyalty in the travel agency sector [J]. Journal of Travel & Tourism Marketing, 2014, 31 (3): 417 - 442.

[80] Hsu C L, Chen M C, Kumar V. How social shopping retains customers? Capturing the essence of website quality and relationship quality [J]. Total Quality Management & Business Excellence, 2018, 29 (1/2): 161 - 184.

[81] Ou W M, Shih C M, Chen C Y, et al.. Effects of ethical sales behaviour, expertise, corporate reputation, and performance on relationship quality and loyalty [J]. Service Industries Journal, 2012, 32 (5): 773 - 787.

[82] Maciej M. Network partner knowledge and internal relationships influencing customer relationship quality and company performance [J]. Journal of Business and Industrial Marketing, 2012, 27 (6): 486 - 496.

[83] Ernest E I. Should relationship quality be measured as a disaggregated or a composite construct? [J]. Management Research Review, 2016, 39 (1): 115 - 131.

[84] Liu L W, Yang W G, Liu W H. Building the B2B customer loyalty: A role of relationship quality [J]. Polish Journal of Management Studies, 2017, 16 (1): 105 - 111.

[85] Wahid N A, Ismail I. Identifying the antecedents for relationship quality model and its outcomes for priority banking customers in Indonesia [J]. Asian Academy of Management Journal, 2017, 22 (1): 131 - 150.

［86］李开，黄翠莹，徐晓飞. 集群企业合作关系质量影响因素研究［J］. 西安财经学院学报，2013（5）：45－49.

［87］Tsai J M，Hung S W. Supply chain relationship quality and performance in technological turbulence：An artificial neural network approach［J］. International Journal of Production Research，2016，54（9）：2757－2770.

［88］Chu Z F，Wang Q，Lado A A. Customer orientation，relationship quality，and performance：The third-party logistics provider's perspective［J］. The International Journal of Logistics Management，2016，27（3）：738－754.

［89］Dyer J H，Singh H. The relational view：Cooperative strategy and sources of interorganizational competitive advantage［J］. Academy of Management Review，1998，23（4）：660－679.

［90］Morgan R M，Hunt S. Relationship-based competitive advantage：The role of relationship marketing in marketing strategy［J］. Journal of Business Research，1999，46（3）：281－290.

［91］Chi－Shiun L，Chun－Shou C，Chih－Jen C，et al.. The impact of trust on the relationship between inter-organisational collaboration and product innovation performance［J］. Technology Analysis and Strategic Management，2011，23（1）：65－74.

［92］Jian Z，Wang C. The impacts of network competence，knowledge sharing on service innovation performance：Moderating role of relationship quality［J］. Journal of Industrial Engineering and Management，2013，6（1）：25－49.

［93］Obal M，Kannan－Narasimhan R，Ko G H. Whom should we talk to? Investigating the varying roles of internal and external relationship quality on radical and incremental innovation performance［J］. Journal of Product Innovation Management，2016，33（1）：136－147.

［94］贾生华，吴波，王承哲. 资源依赖、关系质量对联盟绩效影

响的实证研究 [J]. 科学学研究, 2007 (2): 334-339.

[95] 武志伟, 陈莹. 关系专用性投资、关系质量与合作绩效 [J]. 预测, 2008 (5): 33-37.

[96] 杨水利, 郑建志, 李韬奋. 动态能力关系质量与合作绩效实证研究 [J]. 经济管理, 2008 (19): 133-138.

[97] 张哲, 胡兴球, 任佳佳. 软件外包企业伙伴间关系质量对接包绩效的影响 [J]. 企业经济, 2016 (1): 48-53.

[98] 贺勇, 欧阳粤青, 廖诺. 服务质量、关系质量与物流外包绩效——基于合作关系视角的案例研究 [J]. 管理案例研究与评论, 2016 (12): 567-579.

[99] 姜涛, 熊伟. 企业间关系质量对质量绩效的影响机理——一个有中介的调节效应模型 [J]. 技术经济与管理研究, 2017 (1): 61-65.

[100] 肖冬平, 彭雪红. 组织知识网络结构特征、关系质量与创新能力关系的实证研究 [J]. 图书情报工作, 2011 (18): 107-111.

[101] 蔡彬清, 陈国宏. 链式产业集群网络关系、组织学习与创新绩效研究 [J]. 研究与发展管理, 2013 (4): 126-133.

[102] 吴松强, 苏思骐, 沈忠芹, 等. 产业集群网络关系特征对产品创新绩效的影响——环境不确定性的调节效应 [J]. 外国经济与管理, 2017 (5): 46-57.

[103] 沈灏, 李垣. 联盟关系、环境动态性对创新绩效的影响研究 [J]. 科研管理, 2010 (1): 77-85.

[104] 谢永平, 王晶. 技术不确定环境下联盟关系对创新绩效的影响研究 [J]. 科学学与科学技术管理, 2017 (5): 60-71.

[105] 夏萌, 张哲. 供应链关系质量对成功开发新产品影响的研究 [J]. 经济研究导刊, 2012 (23): 179-181.

[106] 王辉, 张慧颖, 吴红翠. 供应链间关系质量对知识吸收能力和企业合作创新绩效的影响研究 [J]. 统计与信息论坛, 2012 (11): 99-105.

[107] 徐可, 何桢, 王瑞. 供应链关系质量与企业创新价值链——

知识螺旋和供应链整合的作用 [J]. 南开管理评论, 2015 (1): 108 -
117.

[108] 陈志军, 缪沁男. 外部创新源对创新绩效的影响研究: 吸收
能力的调节作用 [J]. 经济管理, 2014 (3): 135 - 14.

[109] 查成伟, 陈万明, 唐朝永. 高质量关系、失败学习与企业创
新绩效 [J]. 管理评论, 2016 (2): 175 - 184.

[110] Puga D, Trefler D. Knowledge creation and control in organiza-
tions [R]. NBER Working Paper, 2002.

[111] Acemoglu D, Antras P, Helpman E. Contracts and technology
adoption [J]. American Economic Review, 2007, 97 (3): 916 - 943.

[112] Gans J S, Hsu D H, Stern S. When does startup innovation spur
the gale of creative destruction? [J]. Rand Journal of Economics, 2002, 33
(4): 571 - 586.

[113] Modica S. Knowledge transfer in R&D outsourcing [R]. Univer-
sity Palermo, Working Paper, 2006.

[114] 谢庆华, 黄培清. R&D 外包的决策模型、创新风险及关系
治理 [J]. 研究与发展管理, 2008 (4): 89 - 95.

[115] 刘文霞, 王永贵, 赵宏文. 合作治理机制对服务外包供应商
创新能力的影响机制研究——基于在华服务外包企业的实证分析 [J].
北京工商大学学报 (社会科学版), 2014 (3): 65 - 72.

[116] Jap S D, Ganesan S. Control mechanisms and the relationship life
cycle: Implications for safeguarding specific investments and developing com-
mitment [J]. Journal of Marketing Research, 2000, 37 (2): 227 - 245.

[117] Granovetter M. Economic action and social structure: The prob-
lem of embeddedness [J]. American Journal of Sociology, 1998, 91 (3):
48 - 510.

[118] Bachmann R. Trust, power and control in trans-organizational
relations [J]. Organization Studies, 2001, 22 (2): 337 - 365.

[119] Poppo L, Zenger T R. Do formal contracts and relational govern-

ance function as substitutes or complements? [J]. Strategic Management Journal, 2002, 23 (8): 707 - 724.

[120] Lazzarini S G, Miller G J, Zenger T R. Order with some law: Complementarity versus substitution of formal and informal arrangements [J]. Journal of Law Economics and Organization, 2004, 20 (2): 261 - 298.

[121] Tiwana A. Systems development ambidexterity: Explaining the complementary and substitutive roles of formal and informal controls [J]. Journal of Management Information Systems, 2010, 27 (2): 87 - 126.

[122] Bozovic I, Hadfield G K. Scaffolding: Using formal contracts to build informal relations to support innovation [J]. Social Science Electronic Publishing, 2012, 16 (5): 1 - 47.

[123] Carson S J, Madhok A, Wu T. Uncertainty, opportunism, and governance: The effects of volatility and ambiguity on formal and relational contracting [J]. Academy of Management Journal, 2006, 49 (5): 1058 - 1077.

[124] Olander H, Hurmelinna - Laukkanen P, Blomqvist K, et al.. The dynamics of relational and contractual governance mechanisms in knowledge sharing of collaborative R&D projects [J]. Knowledge and Process Management, 2010, 17 (4): 188 - 204.

[125] Goo J, Kishore R, Rao H R, et al.. The role of service level agreements in relational management of information technology outsourcing: An empirical study [J]. MIS Quarterly: Management Information Systems, 2009, 33 (1): 119 - 146.

[126] 谢刚, 梅姝娥, 李文鹣. 基于能力和企业间治理视角的 IT 外包关系质量培育研究 [J]. 华东经济管理, 2013 (10): 115 - 121.

[127] 王颖, 王方华. 关系治理中关系规范的形成及治理机理研究 [J]. 软科学, 2007 (2): 67 - 70.

[128] Baker G, Gibbons R, Murphy K J. Relational contracts and the theory of the firm [J]. The Quarterly Journal of Economics, 2002, 117

（1）：39 – 84.

［129］王安宇，司春林，骆品亮．研发外包中的关系契约［J］．科研管理，2006（6）：103 – 108.

［130］邓春平，毛基业．关系契约治理与外包合作绩效——对日离岸软件外包项目的实证研究［J］．南开管理评论，2008（4）：25 – 33.

［131］谢刚，梅姝娥，熊强．IT 服务外包关系中的正式契约、关系契约及交互关系研究［J］．华东经济管理，2013（3）：115 – 118.

［132］张宗明，刘树林，廖琳武．不完全测度下多目标外包关系契约激励机制［J］．系统工程学报，2013（3）：338 – 347.

［133］耿紫珍，刘新梅，沈力．研发外包厂商的知识资产控制权转移策略［J］．系统工程，2010（9）：87 – 90.

［134］楚岩枫，龚斌，张卓．基于产品二元价值结构的 IT 产品研发项目外包关系契约研究［J］．管理评论，2017（12）：39 – 49.

［135］Ulset S. R&D outsourcing and contractual governance：An empirical study of commercial R&D projects［J］．Journal of Economic Behavior & Organization，1996，30（1）：63 – 82.

［136］林菡密．论企业的研发外包［J］．科技创业月刊，2004（10）：44 – 45.

［137］徐姝．企业业务外包战略运作体系与方法研究［J］．长沙：中南大学出版社，2006.

［138］Wynstra F，Axelssonb B，Weelea A. Driving and enabling factors for purchasing involvement in product development［J］．European Journal of Purchasing and Supply Management，2000，6（2）：129 – 141.

［139］尹建华．企业资源外包网络：构建、进化和治理［M］．北京：中国经济出版社，2005.

［140］Granovetter M S. The strength of weak ties［J］．American Journal of Sociology，1973，78（6）：1360 – 1380.

［141］Zirpoli F，Becker M C. The limits of design and engineering outsourcing：performance integration and the unfulfilled promises of modularity

[J]. R&D Management, 2011, 41 (1): 21 -43.

[142] 蔡俊杰, 苏敬勤. 资源外包的形成及演进方式分析 [J]. 科研管理, 2005 (3): 55 -59.

[143] Hsuan J, Mahnke V. Outsourcing R&D: A review, model, and research agenda [J]. R&D Management, 2011, 41 (1): 1 -7.

[144] Greiner L E. Evolution and revolution as organizations grow [J]. Harvard Business Review, 1972, 50 (4): 37 -46.

[145] Utterback J M, Abernathy W J. A dynamic model of product and process innovation [J]. Omega, 1975, 3 (6): 639 -656.

[146] Chen C C, Chen X P, Huang S. Chinese Guanxi: An integrative review and new directions for future research [J]. Management & Organization Review, 2013, 9 (1): 167 -207.

[147] Yen D A, Barnes B R, Wang C L. The measurement of Guanxi: Introducing the GRX scale [J]. Industrial Marketing Management, 2011, 40 (1): 97 -108.

[148] 李雪灵, 申佳. 关系质量量表开发与验证: 基于本土研究视角 [J]. 科研管理, 2017 (11): 117 -125.

[149] Klepper R, Jones W O. Outsourcing information technology, systems & service [M]. Upper Saddle River: Prentice Hall, 1998.

[150] Szulanski G. Exploring internal stickiness: Impediments to the transfer of best practice within the firm [J]. Strategic management journal, 1996, 17 (1): 27 -43.

[151] Frazier G L. On the measurement of interfirm power in channels of distribution [J]. Journal of Marketing Research, 1983, 20 (2): 158 -166.

[152] Williamson. The economic institutions of capitalism [M]. New-York: FreePress, 1985.

[153] Klein B, Crawford R G, Alchain A A. Vertical integration, appropriable rents and the competitive contracting process [J]. Journal of Law & Economics, 1978, 21 (2): 297 -326.

[154] Rokkan A I, Heide J B, Wathne K H. Specific investments in marketing relationships: Expropriation and bonding effects [J]. Journal of Marketing Research, 2003, 40 (2): 210 – 224.

[155] Williamson O E. Comparative economic organization: The analysis of discrete structural alternatives [J]. Administrative Science Quarterly, 1991, 36 (2): 269 – 296.

[156] Nielson C C. An empirical examination of switching cost investments in business-to-business marketing relationships [J]. Journal of Business & Industrial Marketing, 1996, 11 (6): 38 – 60.

[157] Xin K R, Pearce J L. Guanxi connections as substitutes for formal institutional support [J]. Academy of Management Journal, 1996, 39 (6): 1641 – 1658.

[158] Pelton L E, Strutton D, Lumpkin J R. Marketing channel: A relationship management approach [M]. NewYork: Irwin/McGraw – Hill Companies, 2001.

[159] Wang G C, Wang X Y, Zheng Y. Investing in guanxi: An analysis of interpersonal relation-specific investment (RSI) in China [J]. Industrial Marketing Management, 2014, 43 (4): 659 – 670.

[160] Hoetker G, Mellewigt T. Choice and performance of governance mechanism: Matching alliance governance to asset type [J]. Strategic Management Journal, 2009, 30 (10): 1025 – 1044.

[161] Gronroos C A. Services quality model and its marketing implications [J]. European Journal of Marketing, 1984, 18 (4): 36 – 44.

[162] Parasuraman A, Zeithaml V A, Berry L L. A conceptual model of service quality and its implications for future research [J]. Journal of Marketing, 1985, 49 (4): 41 – 50.

[163] Carman J M. Consumer perceptions of service quality: An assessment of the SERVQUAL dimensions [J]. Journal of Retailing, 1990, 66 (1): 33 – 55.

［164］Zeithaml V A, Berry L L, Parasuraman A. Delivering quality service: Balancing customer perceptions and expectations ［M］. New York: New York Free Press, 1993.

［165］Lovelock C. Product plus: How product + service = competitive advantage ［M］. New York: Mc Graw – Hill, 1994.

［166］Brogowicz A A, Delence L M. A synthesized service quality model with managerial implications ［J］. The International Journal of Service Industry Management, 2009, 1 (1): 27 – 45.

［167］Parasuraman A, Zeithaml V A, Berry L L. Reassessment of expectation as a comparison standard in measuring service quality: Implications for future research ［J］. Journal of Marketing, 1994, 58 (1): 94 – 114.

［168］Cronin J J, Taylor S A. Measuring service quality: A reexamination and extension ［J］. Journal of Marketing, 1992, 56 (7): 55 – 68.

［169］Brown T J, Churchill G A, Peter J P, et al.. Improving the measurement of service quality ［J］. Journal of Retailing, 1993, 69 (1): 127 – 139.

［170］Lin H T. Fuzzy application in service quality analysis: An empirical study ［J］. Expert Systems with Applications, 2010, 37 (1): 517 – 526.

［171］Tseng M L. A causal and effect decision making model of service quality expectation using grey-fuzzy Dematel approach ［J］. Expert Systems with Applications, 2009, 36 (4): 7738 – 7748.

［172］曲刚, 魏佳, 鲍晓娜. 软件外包项目成功模型研究 ［J］. 科研管理, 2015 (9): 149 – 158.

［173］Juga J, Juntunen J, Grant D B. Service quality and its relation to satisfaction and loyalty in logistics outsourcing relationship ［J］. Managing Service Quality, 2010, 20 (6): 496 – 510.

［174］Gotzamani K, Longinidis P, Vouzas F. The logistics services outsourcing dilemma: Quality managemnt and financial performance perspectices ［J］. Supply Chain Management: An International Journal, 2010, 15

（6）：438 – 453.

［175］Chakrabarty S, Whitten D, Green K. Understanding service quality and relationship quality in IS outsourcing: Client orientation & promotion, project management effectiveness, and the task-technology-structure fit ［J］. The Journal of Computer Informantion Systems, 2007, 48 （2）：1 – 15.

［176］苏秦, 杨青青. 服务外包下的服务质量、关系质量和顾客满意——研究现状探析与未来展望 ［J］. 软科学, 2012 （4）：54 – 57.

［177］魏想明, 操筱薇. 基于 IT 外包服务质量的信任形成及其对合作的影响 ［J］. 学习与实践, 2014 （6）：44 – 48.

［178］魏江. 基于知识观的企业技术能力研究 ［J］. 自然辩证法研究, 1998 （11）：54 – 57.

［179］Figueiredo P N. Learning processes features and technological capability accumulation: Explaining inter firm differences ［J］. Technovation, 2002, 22 （11）：685 – 698.

［180］Teece D J, Pisano G. The dynamic capabilities of firms: An Introduction ［J］. Industrial & Corporate Change, 1994, 3 （3）：537 – 556.

［181］Teece D J, Pisano G, Shuen A. Dynamic capabilities and strategic management ［J］. Strategic Management Journal, 1997, 18 （7）：509 – 533.

［182］Eisenhardt K M, Martin J A. Dynamic capabilities: What are they? ［J］. Strategic Management Journal, 2000, 21 （10 – 11）：1105 – 1121.

［183］Teece D J. Explicating dynamic capabilities: The nature and microfoundations of （sustainable） enterprise performance ［J］. Strategic Management Journal, 2007, 28 （13）：1319 – 1350.

［184］Zollo M, Winter S G. Deliberate learning and the evolution of dynamic capabilities ［J］. Organization Science, 2002, 13 （3）：339 – 351.

［185］Zahra S A, Sapienza H J, Davidsson P. Entrepreneurship and dynamic capabilities: A review, model and research agenda ［J］. Journal of

Management Studies, 2010, 43 (4): 917 – 955.

[186] Wang C L, Senaratne C, Rafiq M. Success traps, dynamic capabilities and firm performance [J]. British Journal of Management, 2015, 26 (1): 26 – 44.

[187] 董保宝, 葛宝山, 王侃. 资源整合过程、动态能力与竞争优势: 机理与路径 [J]. 管理世界, 2011 (3): 92 – 101.

[188] Lin Y, Wu L Y. Exploring the role of dynamic capabilities in firm performance under the resource-based view framework [J]. Journal of Business Research, 2014, 67 (3): 407 – 413.

[189] Li D, Liu J. Dynamic capabilities, environmental dynamism, and competitive advantage: Evidence from China [J]. Journal of Business Research, 2014, 67 (1): 2793 – 2799.

[190] Lisboa A, Skarmeas D, Lages C. Innovative capabilities: Their drivers and effects on current and future performance [J]. Journal of Business Research, 2011, 64 (11): 1157 – 1161.

[191] Makkonen H, Pohjola M, Olkkonen R, et al.. Dynamic capabilities and firm performance in a financial crisis [J]. Journal of Business Research, 2014, 67 (1): 2707 – 2719.

[192] 郑淞月, 刘益, 孙彪. 创新型外包项目如何提升接包方能力——基于专项投资的路径分析 [J]. 科技管理研究, 2015 (21): 202 – 209.

[193] Sher P J, Lee V C. Information technology as a facilitator for enhancing dynamic capabilities through knowledge management [J]. Information & Management, 2004, 41 (8): 933 – 945.

[194] Wang C L, Ahmed P K. Dynamic capabilities: A review and research agenda [J]. International Journal of Management Reviews, 2007, 9 (1): 31 – 51.

[195] Barreto I. Dynamic capabilities: A review of past research and an agenda for the future [J]. Journal of Management, 2010, 36 (1): 256 – 280.

［196］Pavlou P A, El Sawy O A. Understanding the elusive black box of dynamic capabilities ［J］. Decision sciences, 2011, 42（1）: 239 – 273.

［197］Wilhelm H, Schlömer M, Maurer I. How dynamic capabilities affect the effectiveness and efficiency of operating routines under high and low levels of environmental dynamism ［J］. British Journal of Management, 2015, 26（2）: 327 – 345.

［198］贺小刚, 李新春, 方海鹰. 动态能力的测量与功效: 基于中国经验的实证研究 ［J］. 管理世界, 2006（3）: 94 – 103.

［199］曹红军, 赵剑波, 王以华. 动态能力的维度: 基于中国企业的实证研究 ［J］. 科学学研究, 2009（1）: 36 – 44.

［200］罗珉, 刘永俊. 企业动态能力的理论架构与构成要素 ［J］. 中国工业经济, 2009（1）: 75 – 86.

［201］李晓燕, 毛基业. 动态能力构建——基于离岸软件外包供应商的多案例研究 ［J］. 管理科学学报, 2010（11）: 55 – 64.

［202］焦豪. 双元型组织竞争优势的构建路径: 基于动态能力理论的实证研究 ［J］. 管理世界, 2011（11）: 76 – 91.

［203］林海芬, 苏敬勤. 管理创新效力机制研究: 基于动态能力观视角的研究框架 ［J］. 管理评论, 2012（3）: 49 – 57.

［204］戴亦兰, 张卫国. 动态能力、商业模式创新与初创企业的成长绩效 ［J］. 系统工程, 2018（4）: 40 – 50.

［205］卢启程, 梁琳琳, 贾非. 战略学习如何影响组织创新——基于动态能力的视角 ［J］. 管理世界, 2018（9）: 109 – 129.

［206］侯二秀, 郝唯汀. 组织创新绩效影响因素研究综述 ［J］. 企业研究, 2012（18）: 7 – 9.

［207］Lee J N, Miranda S M, Kim Y M. IT outsourcing strategies: Universalistic, contingency, and configurational explanations of success ［J］. Information Systems Research, 2004, 15（2）: 110 – 131.

［208］Sia S K, Koh C, Tan C X. Strategic maneuvers for outsourcing flexibility: An empirical assessment ［J］. Decision Sciences, 2008, 39

(3): 407 – 443.

[209] Song X M, Parry M E. What separates Japanese new product winners from loser [J]. Journal of Product Innovation Management, 1996, 13 (5): 422 – 439.

[210] Hagedoorn J, Cloodt M. Measuring innovative performance: Is there an advantage [J]. Research Policy, 2003, 32 (8): 1365 – 1379.

[211] Prajogo D, Ahmed P K. Relationship between innovation stimulus, innovation capacity, and innovation performance [J]. R&D Management, 2006, 36 (5): 499 – 515.

[212] Alegre J, Chiva R. Assessing the impact of organizational learning capability on product innovation performance: An empirical test [J]. Technovation, 2008, 28 (6): 315 – 326.

[213] Kim R D, Menor L J. The process management triangle: An empirical investigation of process trade-offst [J]. Journal of Operational Management, 2012, 32 (5): 1015 – 1034.

[214] Jiao H, Chun K K, Cui Y. Legal environment, government effectiveness and firms' innovation in China: Examining the moderating influence of government ownership [J]. Technological Forecasting & Social Change, 2015, 96 (1): 15 – 24.

[215] 彭灿, 杨玲. 技术能力、创新战略与创新绩效的关系研究 [J]. 科研管理, 2009 (2): 26 – 32.

[216] 张旭梅, 陈伟. 基于知识交易视角的供应链伙伴关系与创新绩效实证研究 [J]. 商业经济与管理, 2012 (2): 34 – 43.

[217] Chung S, Singh H, Lee K. Complementary, status similarity and social capital as drivers of alliance formation [J]. Strategic Management Journal, 2000, 21 (1): 1 – 22.

[218] Phan P H, Peridis T. Knowledge creation in strategic alliances: Another look at organizational learning [J]. Asia Pacific Journal of Management, 2000, 17 (2): 201 – 222.

[219] 张方华. 网络嵌入影响企业创新绩效的概念模型与实证分析 [J]. 中国工业经济, 2010 (4): 110 – 119.

[220] Kogut B, Zander U. Knowledge of the firm, combinative capabilities and there plication of technology [J]. Organization Science, 1996, 7 (5): 502 – 518.

[221] Grant R M. Prospering in dynamically-competitive environments: Organizational capability as knowledge integration [J]. Organization Science, 1996, 7 (4): 375 – 387.

[222] Holtshouse D. Knowledge research issues [J]. California Management Review, 1998, 40 (3): 277 – 280.

[223] Doz Y L. The evolution of cooperation in strategic alliances: Initial conditions or learning processes? [J]. Strategic Management Journal, 1996, 17 (1): 55 – 83.

[224] Nancy M D. Common knowledge: How companies thrive on sharing what they know [M]. Harvard University Press, 2000.

[225] Takeuchi N H. The knowledge-creating company: How Japanese companiescreate the dynamics of innovation [M]. NewYork: Oxford University Press, 1995.

[226] 杜荣, 冯俊嵩, 厉敏. 边界跨越对 IT 外包绩效影响的实证分析 [J]. 中国管理科学, 2012 (4): 177 – 184.

[227] Bock G W, Zmud R W, Kim Y G. Behavioral intention formation in knowledge sharing: Examing the roles of extrinsic Motivators, social – Psychological forces, and organization climate [J]. MIS Quarterly, 2005, 29 (1): 87 – 111.

[228] Chow W S, Chan L S. Social network, social trust and shared goals in organizational knowledge sharing [J]. Information & management, 2008, 45 (7): 458 – 465.

[229] Kim S, Lee H. The impact of organisational context and information technology on employee knowledge-sharing capabilities [J]. Public Ad-

ministration Review, 2006, 66 (3): 370 – 385.

[230] Wang Z, Wang N, Liang H. Knowledge sharing, intellectual capital and firm performance [J]. Management Decision, 2014, 52 (2): 230 – 258.

[231] Taminiau Y, Smit W, de Lange A. Innovation in management consulting firms through informal knowledge sharing [J]. Journal of Knowledge Management, 2009, 13 (1): 42 – 55.

[232] Van den Hooff B, Huysman M. Managing knowledge sharing: Emergent and engineering approaches [J]. Information & Management, 2009, 46 (1): 1 – 8.

[233] Mooradian T, Renzl B, Matzler K. Who trusts? Personality, trust and knowledge sharing [J]. Management Learning, 2006, 37 (4): 523 – 540.

[234] Chen L Y, Barnes F B. Leadership behaviors and knowledge sharing in professional service firms engaged in strategic alliances [J]. Journal of Applied Management and Entrepreneurship, 2006, 11 (2): 51 – 69.

[235] Zarraga C, Bonache J. Assessing the team environment for knowledge sharing: An empirical analysis [J]. The International Journal of Human Resource Management, 2003, 14 (7): 1227 – 1245.

[236] 戴勇, 胡明溥. 产学研伙伴异质性对知识共享的影响及机制研究 [J]. 科学学与科学技术管理, 2016 (6): 66 – 79.

[237] Cho K R, Lee J. Firm characteristics and MNC's intra-network knowledge sharing [J]. Management International Review, 2004, 44 (4): 435 – 455.

[238] Willem A, Buelens M. Knowledge sharing in public sector organizations: The effect of organizational characteristics on interdepartmental knowledge sharing [J]. Journal of Public Administration Research and Theory, 2007, 17 (4): 581 – 606.

[239] de Vries J, Schepers J, van Weele A, et al.. When do they

care to share? How manufacturers make contracted service partners share knowledge [J]. Industrial Marketing Management, 2014, 43 (7): 1225 – 1235.

[240] Wang S, Noe R A. Knowledge sharing: A review and directions for future research [J]. Human Resource Management Review, 2010, 20 (2): 115 – 131.

[241] Wijk R V, Jansen J J P, Lyles M A. Inter-and intra-organizational knowledge transfer: A meta-analytic reviewand assessment of its antecedents and consequences [J]. Journal of Management Studies, 2010, 45 (4): 830 – 853.

[242] Nonaka I. A dynamic theory of organizational knowledge creation [J]. Organization Science, 1994, 5 (1): 14 – 37.

[243] Gilbert M, Cordey – Hayes M. Understanding the process of knowledge transfer to achieve successful technological innovation [J]. Technovation, 1996, 16 (6): 301 – 312.

[244] Zhou K Z, Zhang Q, Sheng S, et al.. Are relational ties always good for knowledge acquisition? Buyer-supplier exchanges in China [J]. Journal of Operations Management, 2014, 32 (3): 88 – 98.

[245] 王永贵，马双，杨宏恩. 服务外包中创新能力的测量、提升与绩效影响研究——基于发包与承包双方知识转移视角的分析 [J]. 管理世界, 2015 (6): 85 – 98.

[246] Teece D. Transfer by corporation multinational: The resource cost of transferring technological know-how [J]. Economic Journal, 1977, 87 (1): 242 – 261.

[247] Hendriks P. Why share knowledge? The influence of ICT on the motivation for knowledge sharing [J]. Knowledge and Process Management, 1999, 6 (2): 91 – 100.

[248] Gupta A K, Govindarajan V. Knowledge flows within multinational corporations [J]. Strategic Management Journal, 2000, 21 (4): 473 – 496.

［249］Argote L, Ingram P. Knowledge transfer: A basis for competitive advantage in firms ［J］. Organizational Behavior & Human Decision Processes, 2000, 82（1）: 150 – 169.

［250］Bou – Llusar J C, Segarra – Cipres M. Strategic knowledge transfer and its implications for competitive advantage: An integrative conceptual framework ［J］. Journal of Knowledge Management, 2006, 10（4）: 100 – 112.

［251］Easterby – Smith M, Lyles M A, Tsang E W K. Inter-organizational knowledge transfer: Current themes and future prospects ［J］. Journal of Management Studies, 2008, 45（4）: 677 – 690.

［252］Kong X. Why Are social network transactions important? Evidence based on the concentration of key suppliers and customers in China ［J］. China Journal of Accounting Research, 2011, 4（3）: 121 – 133.

［253］蒋守芬, 陈信康. 近三十年来关系专用性投资与渠道关系综述与展望 ［J］. 东岳论丛, 2016（11）: 92 – 98.

［254］Mari S, Susan H. Determinants of trust in supplier relations: Evidence from the automotive industry in Japan and the United States ［J］. Journal of Economic Behavior & Organization, 2004, 34（3）: 387 – 417.

［255］Anderson E, Weitz B. The use of pledges to build and sustain commitment in distribution channels ［J］. Journal of Marketing Research, 1992, 29（1）: 18 – 34.

［256］Gilliland D I, Bello D C. Two sides to attitudinal commitment: The effect of calculative and loyalty commitment on enforcement mechanisms in distribution channels ［J］. Journal of the Academy of Marketing Science, 2002, 30（1）: 24 – 43.

［257］Robert A P J. Antecedents of satisfaction in a marketing channel ［J］. Journal of Retailing, 2003, 79（4）: 237 – 248.

［258］周俊, 袁建新. 领域知识专用性投资对接收方机会主义行为的影响与治理 ［J］. 管理评论, 2015（11）: 170 – 180.

［259］ Kwon Y C. Relationship-specific investments, social capital, and performance: The case of Korean exporter-foreign buyer relations ［J］. Asia Pacific Journal of Management, 2011, 28 (4): 761 – 773.

［260］ Subramani M R. How do suppliers benefit from information technology use in supply chain relationships? ［J］. MIS Quarterly, 2004, 28 (1): 45 – 73.

［261］ Brown J R, Crosno J L, Dev C S. The effects of transaction-specific investments in marketing channels: The moderating role of relational norms ［J］. Journal of Marketing Theory & Practice, 2009, 17 (4): 317 – 334.

［262］刘益，蔺丰奇. 渠道伙伴关系中专用性投资的特点和作用：以日本汽车产业为例 ［J］. 南开管理评论, 2006 (9): 81 – 88.

［263］王国才，刘栋，王希凤. 营销渠道中双边专用性投资对合作创新绩效影响的实证研究 ［J］. 南开管理评论, 2012 (6): 85 – 94.

［264］杨治，张俊. 相互投资与人力资本投资对研发外包决策影响研究 ［J］. 管理工程学报, 2011 (4): 123 – 128.

［265］ Cho J E, Hu H. The effect of service quality on trust and commitment varying across generations ［J］. International Journal of Consumer Studies, 2009, 33 (4): 468 – 476.

［266］ Chenet P, Dagger T S, O'Sullivan D. Service quality, trust, commitment and service differentiation in business relationships ［J］. Journal of Services Marketing, 2010, 24 (5): 336 – 346.

［267］范秀成，杜建刚. 服务质量五维度对服务满意及服务忠诚的影响——基于转型期间中国服务业的一项实证研究 ［J］. 管理世界, 2006 (6): 111 – 118.

［268］苏秦，李钊，徐翼. 基于交互模型的客户服务质量与关系质量的实证研究 ［J］. 南开管理评论, 2007 (1): 44 – 49.

［269］盛天翔，刘春林. 网上交易服务质量四维度对顾客满意及忠诚度影响的实证分析 ［J］. 南开管理评论, 2008 (6): 37 – 41.

[270] 戴君，谢玳，王强. 第三方物流整合对物流服务质量、伙伴关系及企业运营绩效的影响研究 [J]. 管理评论，2015（5）：188－197.

[271] Lafferty B A, Goldsmith R E. Corporate credibility's role in consumers' attitudes and purchase intentions when a high versus a low credibility endorser is used in the Ad [J]. Journal of Business Research, 1999, 44（2）：109－116.

[272] Nguyen N, Leblanc G. Corporate image and corporate reputation in customers' retention decisions in services [J]. Journal of Retailing and Consumer Services, 2001, 8（4）：227－236.

[273] Houston M B, Johnson S A. Buy-supplier contracts vensus joint ventures: Determinants and consequences of transaction structure [J]. Journal of Marketing Research, 2000, 37（1）：1－15.

[274] Hennart J C. The transaction cost theory of joint veutures: An empirical study of Japanese subsidiaries in the united states [J]. Management Science, 1991, 37（4）：483－497.

[275] 李永锋，司春林. 合作创新战略联盟中企业间相互信任问题的实证研究 [J]. 研究与发展管理，2007（6）：52－60.

[276] 曲怡颖，甄杰，任浩. 创新集群内企业声誉对创新能力及创新绩效的作用 [J]. 软科学，2012（1）：11－15.

[277] 解进强，付丽茹. 企业声誉对供应链合作关系质量影响分析 [J]. 商业时代，2010（22）：81－82.

[278] Tompkins J A, Simonson S W, Tompkins B W, et al.. Creating an outsourcing relationship [J]. Supply Chain Management Review, 2006, 10（2）：52－58.

[279] Kang M P, Mahoney J T, Tan D C. Why firms make unilateral investments specific to other firms: The case of OEM suppliers [J]. Strategic Management Journal, 2008, 30（2）：117－135.

[280] Tugba G Y, Sibel D, Fuyal S. The role of relationship-specific

investments in improving performance：Multiple mediating effects of oppor-tunism and cooperation ［J］. Procedia – Social and Behavioral Sciences，2013，99：976 – 985.

［281］王国才，郑祎，王希凤. 不同类型关系专用性投资对中小企业能力升级的影响研究 ［J］. 科学学与科学技术管理，2013 （5）：142 – 151.

［282］Kim C S，Inkpen A C. Cross-border R&D alliances，absorptive capacity and technology learning ［J］. 2005，11 （3）：313 – 329.

［283］Denize S，Young L. Concerning trust and information ［J］. In-dustrial Marketing Management，2007，36 （7）：968 – 982.

［284］王昌林，沈鹏熠. 服务质量、关系质量与中国承接离岸服务外包绩效影响因素研究 ［J］. 工业技术经济，2012 （12）：71 – 80.

［285］Rustagi S，King W R，Kirsch L J. Predictors of formal control usage in IT outsourcing partnerships ［J］. Information Systems Research，2008，19 （2）：126 – 143.

［286］Joreskog K G，Sorbom D. LISREL7：A guide to the program and applications ［M］. Chicago：SPSS Pubications，1989.

［287］Bohrnstedt G W，Borgatta E F. Social measurement current is-sues ［J］. Contemporary Sociology，1981，12 （3）：326.

［288］Hu L T，Bentler P M. Cutoff criteria for fit indexes in covariance structure anaysis：Conventional criteria versus new alternatives ［J］. Struc-tural Equation Modeling，1999，6 （1）：1 – 55.

［289］Subramony M. Client supportiveness in contingent employment：The role of relationship quality ［J］. European Journal of Work and Organiza-tional Psychology，2014，23 （1）：131 – 144.

［290］Chang M L，Cheng C F，Wu W Y. How buyer-seller relation-ship quality influences adaptation and innovation by foreign MNCs' subsidiar-ies ［J］. Industrial Marketing Management，2012，41 （7）：1047 – 1057.

［291］Cheng J H. Inter-organizational relationships and information sharing in supply chains [J]. International Journal of Information Management, 2011, 31 (4): 374 – 384.

[292] Cavusgil S T, Calantone R J, Zhao Y S. Tacit knowledge transfer and firm innovation capability [J]. The Journal of Business and Industrial Marketing, 2003, 18 (1): 6 – 19.

[293] Blumenberg S, Wagner H T, Beimborn D. Knowledge transfer processes in IT outsourcing relationships and their impact on shared knowledge and outsourcing performance [J]. International Journal of Information Management, 2009, 29 (5): 342 – 352.

[294] Bandyopadhyay S, Pathak P. Knowledge sharing and cooperation in outsourcing projects – A game theoretic analysis [J]. Decision Support Systems, 2007, 43 (2): 349 – 358.

[295] Hou Y, Xiong Y, Wang X, et al.. The effects of a trust mechanism on a dynamic supply chain network [J]. Expert Systems with Applications, 2014, 41 (6): 3060 – 3068.

[296] 陈伟, 潘成蓉. 供应链企业间知识共享的创新效应分析——关系和信任导向下的实证研究 [J]. 技术经济与管理研究, 2015 (5): 26 – 30.

[297] 杨东, 李垣. 外包联盟中核心技术投入的激励机制研究 [J]. 管理工程学报, 2010 (1): 1 – 4.

[298] 刘戌峰, 艾时钟. IT 外包知识共享行为的演化博弈分析 [J]. 运筹与管理, 2015 (5): 82 – 90.

[299] Squire B, Cousins P D, Brown S. Cooperation and knowledge transfer within buyer-supplier relationships: The moderating properties of trust, relationship duration and supplier performance [J]. British Journal of Management, 2009, 20 (4): 461 – 477.

[300] Hansen M T. The search-transfer problem: The role of weak ties in sharing knowledge across organization subunits [J]. Administrative Science Quarterly, 1999, 44 (1): 88 – 111.

［301］ Dhanaraj C, Lyles M A, Steensma H K, et al. . Managing tacit and explicit knowledge transfer in IJVs: The role of relational embeddedness and the impact on performance ［J］. Journal of International Business Studies, 2004, 35 (5): 428－442.

［302］ 张首魁, 党兴华. 关系结构、关系质量对合作创新企业间知识转移的影响研究 ［J］. 研究与发展管理, 2009 (6): 1－7, 14.

［303］ 杨蕙馨, 陈庆江. 国际服务外包中知识转移对接包企业技术能力的影响 ［J］. 山东大学学报 (哲学社会科学版), 2012 (2): 1－10.

［304］ 刘伟, 邸支艳. 关系质量、知识缄默性与 IT 外包知识转移——基于接包方视角的实证研究 ［J］. 科学学研究, 2016 (12): 1865－1874.

［305］ 陈通, 吴勇. 信任视角下研发外包知识转移策略 ［J］. 科学学与科学技术管理, 2012 (1): 77－82.

［306］ Smith J B. Buyer-seller relationships: similarity, relationship management, and quality ［J］. Psychology & Marketing, 1998, 15 (1): 3－21.

［307］ 周茜. IT 外包中知识转移的风险识别与风险因素分析 ［J］. 情报探索, 2014 (12): 65－69.

［308］ 姜鑫. 基于社会网络分析的组织非正式网络内隐性知识共享及其实证研究 ［J］. 情报理论与实践, 2012 (2): 68－71.

［309］ 田野, 杜荣. 知识转移、知识共享和文化相似度的关系——关于 IT 外包项目的研究 ［J］. 科学学研究, 2011 (8): 1190－1197.

［310］ 张力, 刘新梅. "边界巡视者" 依赖还是 "信任" 和 "一体化机制" 取胜——来自产学合作机构的证据 ［J］. 科学学研究, 2011 (5): 756－763.

［311］ Johannessen J A, Olsenb B, Olaisenc J. Aspects of innovation theory based on knowledge-management ［J］. International Journal of Information Management, 1999, 19 (2): 121－139.

［312］ Yli－Renko H, Autio E, Sapienza H J. Social capital, knowledge acquisition, and knowledge exploitation in young technology-based firms [J]. Strategic Management Journal, 2010, 22 (6-7): 587-613.

[313] 林焜, 彭灿. 知识共享、供应链动态能力与供应链绩效的关系研究 [J]. 科学学与科学技术管理, 2010 (7): 98-104.

[314] 张军, 张素平, 许庆瑞. 企业动态能力构建的组织机制研究——基于知识共享与集体解释视角的案例研究 [J]. 科学学研究, 2012 (9): 1405-1415.

[315] 周荣虎. 基于知识共享与动态能力的供应链关系品质创新力研究 [J]. 商业经济研究, 2017 (2): 138-140.

[316] 刘力钢, 刘建基. 大数据背景下科技型中小企业社会资本对动态能力的影响 [J]. 科技进步与对策, 2017 (11): 64-72.

[317] Swift M, Balkin D B, Matusik S F. Goal orientations and the motivation to share knowledge [J]. Journal of Knowledge Management, 2010, 14 (3): 378-393.

[318] Saenz J, Aramburu N, Blanco C E. Knowledge sharing and innovation in Spanish and Colombian high-tech firms [J]. Journal of Knowledge Management, 2012, 16 (6): 919-933.

[319] Chang Y B, Gurbaxani V. Information technology outsourcing, knowledge transfer, and firm productivity: An empirical analysis [J]. Management Information Systems Quarterly, 2013, 36 (4): 1043-1063.

[320] 彭正龙, 王海花, 蒋旭灿. 开放式创新模式下资源共享对创新绩效的影响: 知识转移的中介效应 [J]. 科学学与科学技术管理, 2011 (1): 48-53.

[321] Grant E, Gregory M. Tacit knowledge, the life cycle and international manufacturing transfer [J]. Technology Analysis and Strategic Management, 1997, 9 (2): 149-161.

[322] Tegland R, Wasko M M. Integrating knowledge through information trading: Examining the relationship between boundary spanning communication and individual performance [J]. Decision Sciences, 2003, 34

（2）：261－286.

［323］Blome C，Schoenherr T，Eckstein D. The impact of knowledge transfer and complexity on supply chain flexibility：A knowledge-based view ［J］. International Journal of Production Economics，2014，147（3）：307－316.

［324］焦俊，李垣. 联盟中显性知识转移和企业内部创新［J］. 预测，2007（5）：31－35.

［325］肖洪钧，刘绍昱. 基于动态能力理论的知识转移影响因素研究［J］. 现代管理科学，2006（3）：9－10，19.

［326］郭韬，邢璐，黄瑶. 创新网络知识转移对企业创新绩效的影响——双元创新的中介作用［J］. 科技进步与对策，2017（8）：114－119.

［327］徐海燕，李靖华. 知识转移、动态能力与新服务开发绩效的关系［J］. 科技管理研究，2014（9）：116－121.

［328］Kotabe M，Dunlap－Hinkler D，Parente R，et al. . Determinants of cross-national knowledge transfer and its effect on firm innovation ［J］. Journal of International Business Studies，2007，38（2）：259－282.

［329］Cassiman B，Veugelers R. In search of complementarity in innovation strategy：Internal R&D and external knowledge acquisition ［J］. Management Science，2006，52（1）：68－82.

［330］林筠，何婕，刘伟. 知识转移视角下企业组织资本对技术创新的影响分析［J］. 科技管理研究，2009（3）：23－25.

［331］王婷，杨建君. 组织控制协同使用、知识转移与新产品创造力——被调节的中介研究［J］. 科学学与科学技术管理，2018（3）：34－49.

［332］杨震宁，李晶晶. 技术战略联盟间知识转移，技术成果保护与创新［J］. 科研管理，2013（8）：17－26.

［333］李子叶，冯根福. 组织内部知识转移机制、组织结构与创新绩效的关系［J］. 经济管理，2013（1）：130－141.

［334］张红兵. 知识转移对联盟企业创新绩效的作用机理——以战略柔性为中介［J］. 科研管理, 2015（7）: 1-9.

［335］苏敬勤, 刘静. 复杂产品系统中动态能力与创新绩效关系研究［J］. 科研管理, 2013（10）: 75-83.

［336］沈锭荣, 王琛. 企业动态能力与技术创新绩效关系研究［J］. 科学管理研究, 2012（2）: 54-58.

［337］吴航. 动态能力的维度划分及对创新绩效的影响——对Teece 经典定义的思考［J］. 管理评论, 2016（3）: 76-83.

［338］付丙海, 谢富纪, 韩雨卿, 等. 动态能力一定会带来创新绩效吗?——不确定环境下的多层次分析［J］. 科学学与科学技术管理, 2016（12）: 41-52.

［339］Lin C P. To share or not to share: Modeling tacit knowledge sharing, its mediators and antecedents［J］. Journal of Business Ethics, 2007, 70（4）: 411-428.

［340］Ma Z Z, Qi L Y, Wang K Y. Knowledge sharing in Chinese construction project teams and its affecting factors: An empirical study［J］. Chinese Management Studies, 2008, 2（2）: 97-108.

［341］Cummings J L, Teng B S. Transferring R&D knowledge: The key factors affecting knowledge transfer success［J］. Journal of Engineering & Technology Management, 2003, 20（12）: 39-68.

［342］Becerra M, Lunnan R, Huemer L. Trustworthiness, risk, and the transfer of tacit and explicit knowledge between alliance partners［J］. Journal of Management Studies, 2008, 45（4）: 691-713.

［343］Christensen C M, Overdorf M. Meeting the challenge of disruptive change［J］. Harvard Business Review, 2000, 78（2）: 67-76.

［344］Christensen C M. The innovator's dilemma: When new technologies causegreat firms to fail［M］. Boston: Harvard Business School Press, 1997.

［345］Azoulay P. Capturing knowledge within and across firm boundarie: Evidence from clinical development ［J］. American Economic Review, 2004, 94 (5): 1591 – 1612.

［346］ Zott C, Amit R. Business model design and the performance of entrepreneurial firms ［J］. Organization Science, 2007, 18 (2): 181 – 199.

后　记

本书是在我的博士论文基础上修改完善而成的，受到了贺州学院东融研究中心建设基金的资助。在本书即将出版之际，回顾这三年多的寒窗苦读，是欢笑与泪水的交织，既感受过职称晋升和科研项目获批的喜悦，也深切地体会过论文一再被拒稿后的迷茫与焦虑，但内心更多的还是感激！

首先，我要对我的导师胡珑瑛教授表示最真挚的感谢。正是有了胡老师的鼎力支持，我才能在硕士毕业多年后如愿以偿地来到哈尔滨工业大学经济与管理学院开启求学之路。在读博期间，我深感自身在专业基础知识方面的欠缺，是胡老师一点一滴不厌其烦地指导我进行写作，老师渊博的学识、严谨的治学风格和兢兢业业的工作态度深深地影响着我，让我受益匪浅。从本书的选题、开题到撰写与修改的每个环节，都得到了胡老师的悉心指导。在此，我要对胡老师给予我的指导和帮助表示由衷的感激。

其次，我要感谢哈尔滨工业大学经济与管理学院于渤教授、齐中英教授、张庆普教授、王铁男教授、李东教授、田也壮教授、孙佰清教授、丁云龙教授、王晓红教授、吴伟伟教授、邹波教授对本书的修改提出的宝贵意见。

在本书的写作过程中，我得到了刘颖师姐、李丹师姐、谷彦章师弟、张洪金师弟的帮助，也在与李仲秋博士、肴建坤博士、刘菲博士、王锐博士、艾美银博士、戈畅博士、丁玉洁博士、王一行博士、白洁博士的探讨中深受启发，在此对她们表示感谢。

再次，我要感谢广西师范大学蒋团标教授、广西民族大学曾鹏教授、桂林旅游学院付德申教授对我的支持。感谢中央财经大学吴功亮博士、中南财经政法大学孔令乾博士、华南理工大学张晓君博士对我的帮助。感谢贺州学院的领导和同事们，是他们的支持和鼓励，我才能够拥有充足的时间完成本书的写作。

我还要感谢我的家人对我读博的全力支持和默默付出，是他们和我一起承受着求学过程中的艰辛。感谢我乖巧懂事的女儿，你是我努力前进的动力！

本书能够顺利出版，还要感谢经济科学出版社的李晓杰编辑以及其他工作人员的辛勤工作。感谢所有关心和支持我的朋友们！

在未来的日子里，愿自己不忘初心，砥砺前行！

向　丽
2019 年 9 月